Ricardo A. Domínguez

Mi Dios es, mi Dios no es

Ricardo A. Domínguez

Mi Dios es

Mi Dios no es

Septiembre de 2022

ISBN papel: 978-84-685-7042-6
ISBN ePub: 978-84-685-7041-9

Pixabay License: Free for commercial use
Pexels License: Free for commercial use
Unsplash License: Free for commercial use

Diseño artístico de cubierta: Ricardo A. Domínguez
Fotografía de autor: Ricardo A. Domínguez

Editado por Bubok Publishing S.L.
equipo@bubok.com
Tel: 912904490
C/Vizcaya, 6
28045 Madrid

Índice

Dedicatoria

Dedico este libro al Dios verdadero, Padre de Jesucristo, creador de todo lo que nos rodea, que me dio la inspiración para escribir este último mensaje para la humanidad. También lo dedico a los pueblos que han creído en dioses falsos, que han librado guerras contra sus hermanos por órdenes de líderes sanguinarios y que han perdido sus derechos inalienables, sus tierras, robadas por bandidos corporativos, religiosos y gubernativos.

Prólogo

Como escritor y ser humano que anduvo en las tinieblas, Ricardo A. Domínguez trata de seguir los pasos de Jesucristo de Nazaret mediante la lectura de la Biblia RVR 1960, RVA 2015 (versión israelita nazarena de las Sagradas Escrituras, tomo 1), la Torá, *El libro de Enoc* (más aterrador que *Apocalipsis*), *El libro de Ezequiel* y varios libros apócrifos condenados por Constantino durante el Concilio de Nicea.

El autor quiere presentar el testimonio de Jesucristo, el de su Padre Celestial y las diferencias palpables entre el Nuevo Testamento y el Viejo Testamento refiriéndose a versículos bíblicos específicos.

Este libro no es un tratado religioso ni mucho menos uno de fanatismo que intente convencer a nadie para que se convierta a ninguna fe que nunca conoció o que rechazó alguna vez en su vida. Por cierto, Ricardo A. Domínguez no es religioso y muchísimo menos fanático de nada.

Las religiones que tenemos en el mundo las crearon los hombres listos que querían vivir de las personas débiles y desmemoriadas que no podían rebelarse contra los señores de la guerra que tenían el control de todo, un control entregado a hombres sanguinarios que fueron expuestos a la mentira más grande del universo: dioses falsos sedientos de poder y de sangre; seres que, de acuerdo a nuevos estudios científicos, no eran humanos y venían de otras esferas distantes de nuestro planeta.

> (Efesios 6:12) 12 Porque no tenemos lucha contra sangre y carne, sino contra principados, contra potestades, contra

> los gobernadores de las tinieblas de este siglo, contra huestes espirituales de maldad en las regiones celestes.

Luego de haber sido adepto de casi todas las religiones del mundo durante su vagar por la vida por más de 55 años, tratando de conocer la «verdad suprema» llegó al mismísimo ateísmo que consume a la mayoría de la gente del mundo, tuvo una experiencia espiritual con Dios, Jesucristo y el Espíritu Santo —no tan gráfica como la que tuvo Saulo de Tarso con Jesucristo, pero que le abrió los ojos— que cambió su corazón y le dio un nuevo pensamiento refrescante.

La lógica de la lógica nos indica claramente que un dios negativo de muerte, de odio, que castiga, injusto, que llueve maldiciones sobre los humanos, etcétera, no puede encajar dentro de la doctrina de un Dios positivo, de vida, de misericordia, de amor, de perdón, justo, que salva, que sana, etcétera.

Esto es lo que dice «El Evangelio de Tomás» refiriéndose a quien está con nosotros todo el tiempo:

> 77. Jesús ha dicho: Soy la luz quien está sobre todos, Soy el todo. Todo salió de mí, y todo vuelve a mí. Partid la madera, allí estoy. Levantad la piedra y allí me encontraréis.

Con el título *Mi Dios es - Mi Dios no es*, trata de establecer las diferencias entre el dios del Viejo Testamento y el Dios del Nuevo Testamento usando la información escrita —los textos bíblicos— que aparecen en los libros que usó como referencia. Ambos dioses son dos polos totalmente en oposición, incoherentes, que se contradicen, situación que convirtió a Domínguez en un ateo empedernido al igual que a la mayoría de la población planetaria.

Al parecer, el Padre Celestial (Dios) de Jesucristo no puede ser el mismo dios del Viejo Testamento, quien necesita de un hotel de 5 estrellas (templo) para esconder el oro que traen sus esclavos (los humanos), en donde tiene sus orgías con sus compinches de las estrellas y las mujeres y hombres del planeta, y en donde se da los banquetes gastronómicos más extravagantes que pudieran ser ofrecidos por los degolladores de ovejitas y cabritas de un pueblo escogido que se muere de terror ante la presencia espeluznante de esta terrible entidad.

> (Hechos 17:24-25) 24 El Dios que hizo el mundo y todas las cosas que en él hay, siendo Señor del cielo y de la tierra, no habita en templos hechos por manos humanas, 25 ni es honrado por manos de hombres, como si necesitase de algo; pues él es quien da a todos vida y aliento y todas las cosas.

Si alguien cambió la Biblia en tiempos pasados, como la exclusión de los libros apócrifos, con tal de dañar el mensaje y el propósito de Jesucristo en nuestro planeta, lo logró espléndidamente. En este caso, podemos culpar a Constantino por decretar que los evangelios apócrifos tenían que ser destruidos de acuerdo al Concilio de Nicea.

Veamos un ejemplo de por qué Constantino temía tanto a los escritos apócrifos de la Palabra de Dios cuando se habla del dios del Viejo Testamento y sus compinches de las tinieblas. Veamos lo que nos dice el «Evangelio Apócrifo de Juan» - Capítulo 15:21-23:

> 21 Hicieron sufrir a las personas que les siguieron, conduciéndolas por el mal camino y engañándolas. 22 Estas personas envejecieron sin experimentar el placer, y murieron

> sin encontrar la verdad ni conocer al Dios de la verdad. 23 De esta manera toda la creación fue esclavizada para siempre, desde el principio del mundo hasta ahora.

Luego, tal como hicieron los judíos con el pueblo de Jesucristo, Constantino, siguiendo las órdenes del dios del Viejo Testamento y la mafia religiosa del momento, la creada por este nuevo asesino al servicio del dios de Israel, persiguió y asesinó a los cristianos que no aceptaron los decretos del Concilio de Nicea. Al mismo tiempo, se adoptó el símbolo de la cruz (instrumento de tortura donde crucificaron a Jesucristo; símbolo utilizado en Babilonia para representar al dios Tammuz —un demonio—, quien, de acuerdo a los recuentos sumerios y babilónicos, nació el 25 de diciembre, fecha que fue adoptada por el falso cristianismo para celebrar el nacimiento de Jesucristo —Navidad—, fiesta pagana; y también utilizada para adorar demonios mucho antes de que naciera Jesucristo) como símbolo de la unificación de las religiones —para unir el Imperio romano— bajo la consigna de religión cristiana bajo el comando de Constantino.

Hoy en día, y desde antes, la Iglesia católica enseñó a sus fanáticos a persignarse haciendo la señal de la cruz invertida, la cual es utilizada en rituales satánicos. Estos pobres diablos con sotana están tan ciegos como los feligreses que los adoran como representantes del Dios verdadero aquí en la Tierra.

Sobre esta situación «El evangelio de Tomás» nos dice:

> «102. Jesús ha dicho: ¡Ay de los clérigos! pues se asemejan a un perro dormido en el pesebre de los bueyes. Ya que ni come ni deja que coman los bueyes».

Esa es la razón por la cual nos dijo Jesucristo en Juan 5:39: «Escudriñad las Escrituras». Porque él sabía que aún la gente escogida por Dios sería engañada y se perdería:

> (2 Corintios 11:13-15) «13 Porque estos son falsos apóstoles, obreros fraudulentos, que se disfrazan como apóstoles de Cristo. 14 Y no es maravilla, porque el mismo Satanás se disfraza como ángel de luz. 15 Así que, no es extraño si también sus ministros se disfrazan como ministros de justicia; cuyo fin será conforme a sus obras».

El libro apócrifo de Tomás («El evangelio de Tomás») nos lo presenta de otra manera:

> 2. Jesús ha dicho: Que quien busca no deje de buscar hasta que encuentre, y cuando encuentre se turbará, y cuando haya sido turbado se maravillará y reinará sobre la totalidad y hallará el reposo.

Seremos turbados como cuando un niño de cinco años descubre por accidente que Santa Claus no existe y que siempre estuvo engañado por sus padres. ¡Muy duro el choque para un alma inocente que ha vivido en la oscuridad por toda su tierna vida! Pensará el pobre niño que ya no recibirá regalos de nadie y que su vida será muy miserable. Eso es lo que pasará con las pobres almas de las personas que han vivido engañadas toda su existencia y que creen que su dios es el dios del Viejo Testamento, que si dejan de creer en él vendrá tragedia y dolor a sus vidas. No querrán salir de la zona de confort en la que han estado sumidos toda su vida, lo que, verdaderamente, traerá dolor y crujir de dientes al final.

¡Pues bien! Miremos quién es el Santa Claus del pueblo judío: el dios de Moisés. Queda muy claro, visto en el mismo Viejo Testamento quién es el dios de Moisés y David:

> (2 Samuel 24:1) 1 Volvió a encenderse la ira de Jehová contra Israel, e incitó a David contra ellos a que dijese: Ve, haz un censo de Israel y de Judá». (1 Crónicas 21:1) «1 Pero Satanás se levantó contra Israel, e incitó a David a que hiciese censo de Israel.

Denle una ojeada a estas estrofas antes mencionadas y serán liberados y salvos —al final—cuando decidan alabar y adorar al Dios que se hizo carne y vino a la Tierra para librarnos de lo malo.

Nos advierte Jesucristo en «El evangelio de Tomás»:

> 5. Jesús ha dicho: Conoce lo que está enfrente de tu rostro y lo que se esconde de ti se te revelará. Pues no hay nada escondido que no será revelado, y nada enterrado que no será levantado.

Por eso Jesucristo le dijo al Padre que nos perdonara porque no sabíamos lo que hacíamos.

> (Juan 4:22) 22 Vosotros adoráis lo que no sabéis; nosotros adoramos lo que sabemos; porque la salvación viene de los judíos.

¿No será que los ateos actuales descubrieron algo que no han descubierto los cristianos que andan por los caminos con los ojos vendados, a los que se les inculcó la idea de que el dios de los judíos era el padre de Jesucristo? ¡Algo inaudito! ¡Somos mejor que eso!

(Hechos 17:28-29) 28 Porque en él vivimos, y nos movemos, y somos; como algunos de vuestros propios poetas también han dicho: Porque linaje suyo somos. 29 Siendo, pues, linaje de Dios, no debemos pensar que la Divinidad sea semejante a oro, o plata, o piedra, escultura de arte y de imaginación de hombres.

¿Serán los ateos los verdaderos escogidos por el Dios Celestial, el verdadero Padre de Jesucristo quien vino a abolir la ley del dios de los judíos? ¿A quién adoran los que se llaman cristianos? ¿Al dios asesino del Viejo Testamento?

(Apocalipsis 3:15-16) 15 Yo conozco tus obras, que ni eres frío ni caliente. ¡Ojalá fueses frío o caliente! 16 Pero por cuanto eres tibio, y no frío ni caliente, te vomitaré de mi boca.

Espero que con este pequeño libro los ateos puedan deshacerse de todo tipo de prejuicios que hayan tenido contra Jesucristo y su mensaje, muy distinto al mensaje que se nos impuso a la brava por la Iglesia católica y en las iglesias cristianas con el Viejo Testamento, y para que vean la luz de Jesucristo y no tropiecen más durante su largo caminar entre las tinieblas de la noche creadas por el asesino de los cristianos primitivos —Constantino y su mafia diabólica— que se opusieron a las nuevas regulaciones del nuevo orden mundial religioso inmundo —bajo el comando supremo del dios de los judíos—, que nos amedrenta con atrocidades diseñadas para los que no obedecen las leyes de Roma, las que se crearon durante el Concilio de Nicea:

(Job 1:6) 6 Un día vinieron a presentarse delante de Jehová los hijos de Dios, entre los cuales vino también Satanás.

(Juan 3:16) 16 Porque de tal manera amó Dios al mundo, que ha dado a su Hijo unigénito, para que todo aquel que en él cree, no se pierda, mas tenga vida eterna.

Nos dice Jesucristo en «El evangelio de Tomás»:

24. Sus discípulos dicen: Explícanos tu lugar, porque es necesario que lo busquemos. Él les ha dicho: Quien tiene oídos, ¡que oiga! Dentro de una persona de luz hay luz, y él ilumina el mundo entero. Cuando no brilla, hay oscuridad).

También espero que le sirva a los cristianos que andan por el mundo tibios, con los ojos vendados, dormidos, creyendo que el dios de los judíos es el padre de Jesucristo (decretado en el Concilio de Nicea) puedan reconocer que hay algo muy extraño con las enseñanzas del Viejo Testamento y las del Nuevo Testamento para que puedan salir de la tibieza y volverse fríos o calientes, de manera que no sean vomitados por el Padre Celestial.

(1 Juan 2:23) 23 Todo aquel que niega al Hijo, tampoco tiene al Padre. El que confiesa al Hijo, tiene también al Padre.

(Efesios 5:14) 14 Por lo cual dice: Despiértate, tú que duermes, Y levántate de los muertos, Y te alumbrará Cristo. («Evangelio de Tomás») 34. Jesús ha dicho: Si un ciego guía a un ciego, caen juntos en un hoyo.

Que no den más reconocimiento y gloria al dios de los judíos y sus gobernadores, quienes asesinan bebés, mujeres encinta, hombres y mujeres, y no a Jesucristo —nuestro Salvador—. Fornicarios por naturaleza, que nos mantienen entretenidos con el baile, botella, baraja y la tecnología —teléfonos celulares—:

> (Efesios 6:12) 12 Porque no tenemos lucha contra sangre y carne, sino contra principados, contra potestades, contra los gobernadores de las tinieblas de este siglo, contra huestes espirituales de maldad en las regiones celestes.
>
> (Isaías 23:17) 17 Y acontecerá que al fin de los setenta años visitará Jehová a Tiro; y volverá a comerciar, y otra vez fornicará con todos los reinos del mundo sobre la faz de la tierra.
>
> (Jeremías 25:15-16) 15 Porque así me dijo Jehová Dios de Israel: Toma de mi mano la copa del vino de este furor, y da a beber de él a todas las naciones a las cuales yo te envío.
> 16 Y beberán, y temblarán y enloquecerán, a causa de la espada que yo envío entre ellas.
>
> (Efesios 5:18) 18 No os embriaguéis con vino, en lo cual hay disolución; antes bien sed llenos del Espíritu.

Esto es lo que dice Jesucristo sobre estos depravados en «El evangelio de Tomás»:

> 39. Jesús ha dicho: Los clérigos y los teólogos han recibido las llaves del conocimiento, pero las han escondido. No entraron ellos, ni permitían entrar a los que sí deseaban. En cuanto a vosotros, haceos astutos como serpientes y puros como palomas.

¿No queremos todos tener nuestros nombres escritos en el libro de la vida?:

(Apocalipsis 13:7-8) 7 Y se le permitió hacer guerra contra los santos, y vencerlos. También se le dio autoridad sobre toda tribu, pueblo, lengua y nación. 8 Y la adoraron todos los moradores de la tierra cuyos nombres no estaban escritos en el libro de la vida del Cordero que fue inmolado desde el principio del mundo.

No nos dejemos engañar ni un segundo más pues el infierno es un lugar tormentoso, horrible y caliente, adonde irá el cuerpo físico y el alma de la persona cuyo nombre no esté escrito en el libro de la vida.

(2 Tesalonicenses 2:3-4) 3 Nadie os engañe en ninguna manera; porque no vendrá sin que antes venga la apostasía, y se manifieste el hombre de pecado, el hijo de perdición, 4 el cual se opone y se levanta contra todo lo que se llama Dios o es objeto de culto; tanto que se sienta en el templo de Dios como Dios, haciéndose pasar por Dios.

¡Escudriñad las Escrituras y la Verdad os hará Libres! Seamos imitadores del Dios verdadero.

(Efesios 5:1-2) 1 Sed, pues, imitadores de Dios como hijos amados. 2 Y andad en amor, como también Cristo nos amó, y se entregó a sí mismo por nosotros, ofrenda y sacrificio a Dios en olor fragante.

El Dios verdadero entregó a su unigénito para salvarnos de la muerte eterna, esa muerte que nos selló el dios fraudulento del Viejo Testamento en nuestro ADN, entidad diabólica que está llena de maldad, según «El Evangelio de Tomás»:

45. Jesús ha dicho: No se cosechan uvas de los espinos ni se recogen higos de las zarzas, pues no dan fruto. Una persona buena saca lo bueno de su tesoro. Una persona perversa saca la maldad de su tesoro malo que está en su corazón y habla opresivamente, pues de la abundancia del corazón saca la maldad.

Queda en manos del lector verificar lo que aquí se escribe yendo directamente a los documentos que nos presentan la historia más grande del mundo, la Biblia y los libros apócrifos, para que, de dicha manera, podamos destronar a quienes se hicieron reyes en las iglesias rameras —sinagogas de Satanás, de acuerdo al Nuevo Testamento, las que ordenaron el asesinato y la tortura de judíos y musulmanes durante las cruzadas, el sacrificio en las hogueras a toda persona que estuviera en contra de los burdeles de placer que pariera Constantino—, cerrándoles sus kioscos de perversión —muy pronto, la casa de la familia abrahámica—, chantaje y pedofilia.

(Mateo 21:13) 13 y les dijo: Escrito está: Mi casa, casa de oración será llamada; mas vosotros la habéis hecho cueva de ladrones.

El dios del Viejo Testamento ordenaba el asesinato de infantes —un ser que no es humano ni divino, todo lo contrario a nuestro Salvador Jesucristo—:

(1 Samuel 15:3) 3 Ve, pues, y hiere a Amalec, y destruye todo lo que tiene, y no te apiades de él; mata a hombres, mujeres, niños, y aun los de pecho, vacas, ovejas, camellos y asnos.

> (Números 31:17-18) 17 Matad, pues, ahora a todos los varones de entre los niños; matad también a toda mujer que haya conocido varón carnalmente. 18 Pero a todas las niñas entre las mujeres, que no hayan conocido varón, las dejaréis con vida.

> (Deuteronomio 22: 28-29) 28 Cuando algún hombre hallare a una joven virgen que no fuere desposada, y la tomare y se acostare con ella, y fueren descubiertos; 29 entonces el hombre que se acostó con ella dará al padre de la joven cincuenta piezas de plata, y ella será su mujer, por cuanto la humilló; no la podrá despedir en todos sus días.

Se adultera el mensaje y la doctrina de nuestro verdadero Dios Jesucristo quien nos ordenó amarnos los unos a los otros. El evangelio de Tomás» lo presenta de esta manera:

> 48. Jesús ha dicho: Si dos hacen la paz entre sí dentro de esta misma casa, dirán a la montaña, "¡Muévete!" y se moverá.

Para encontrar la verdadera paz en el mundo, a los verdaderos investigadores y amantes de la verdad les recomiendo leer «El evangelio árabe de la infancia» el cual nos habla sobre la infancia de Jesucristo, desde que era un bebito hasta la muerte de su padre adoptivo José, ¡claro está!, borrado por las maléficas garras de dragón de Constantino.

Rosa H. Domínguez

Mi Dios es

1. El que hace como el Padre Celestial que lo envió.
2. El creador del universo.
3. El que dio herencia de todo a Jesucristo.
4. El que es bueno.
5. El que perdona hasta setenta veces siete.
6. El que ama a los niños y los protege. No los manda a matar en horribles guerras.
7. Quien envió a su hijo a la Tierra para que todos fuéramos salvos.
8. Quien es Padre, Hijo y Espíritu Santo, no el dios del Vaticano ni el de los judíos.
9. El que ama a sus enemigos.
10. El que bendice y hace bien a quienes lo aborrecen.
11. El que dice que nos amemos los unos a los otros.
12. El que ama a su prójimo como a sí mismo y ama a su hermano tal como ama a Dios.
13. Misericordioso. (Lucas 6:36) «36 Sed, pues, misericordiosos, como también vuestro Padre es misericordioso.»
14. Quien no paga mal con mal.
15. Quien salva nuestras almas.
16. Quien escribió sus mandamientos en nuestro corazón y no en letras, en tablas de piedra, como hizo el dios impostor de Moisés. (Éxodo 24:12) «12 Entonces Jehová dijo a Moisés: Sube a mí, al monte, y espera allá, y te daré tablas de piedra, y la ley, y mandamientos que he escrito para enseñarles». (Romanos 7:6)

«6 Pero ahora estamos libres de la ley, por haber muerto para aquella en que estábamos sujetos, de modo que sirvamos bajo el régimen nuevo del Espíritu y no bajo el régimen viejo de la letra». (2 Corintios 3:3) «3 siendo manifiesto que sois carta de Cristo expedida por nosotros, escrita no con tinta, sino con el Espíritu del Dios vivo; no en tablas de piedra, sino en tablas de carne del corazón».

17. Quien siempre me escucha.
18. El que prohíbe el ojo por ojo y diente por diente.
19. El que pone la otra mejilla en vez de tomar la espada.
20. El que hace las cosas que hace el verdadero Padre Celestial.
21. El que ha dado a conocer a su hijo Jesucristo.
22. El mediador entre Dios y los hombres, Jesucristo.
23. Aquel cuyo rostro ha sido visto, y su voz escuchada, por su hijo y no por otras personas. (Juan 5:37) «37 También el Padre que me envió ha dado testimonio de mí. Nunca habéis oído su voz, ni habéis visto su aspecto», (Juan 1:18) «18 A Dios nadie le vio jamás; el unigénito Hijo, que está en el seno del Padre, él le ha dado a conocer», (Juan 17:25) «25 Padre justo, el mundo no te ha conocido, pero yo te he conocido, y éstos han conocido que tú me enviaste». (1 Timoteo 6:16) «16 el único que tiene inmortalidad, que habita en luz inaccesible; a quien ninguno de los hombres ha visto ni puede ver, al cual sea la honra y el imperio sempiterno. Amén».
24. El que habla únicamente con su hijo y no con otros hombres y nunca lo hizo.
25. El que habita en la luz. (1 Juan 1:5) «5 Este es el mensaje que hemos oído de él, y os anunciamos: Dios es luz, y no hay ningunas tinieblas en él». (Juan 1:5) «5 La luz en las tinieblas resplandece, y las tinieblas no prevalecieron contra ella». (Juan 12:46) «46 Yo, la luz, he venido al mundo, para que todo aquel que cree en mí no permanezca en tinieblas». (2 Corintios 6:14) «14 No os unáis en yugo desigual con los incrédulos; porque ¿qué compañerismo tiene la justicia con la injusticia? ¿Y qué comunión la luz con las tinieblas?».

26. El que no ha sido visto ni oído por ningún otro hombre sino por su amado hijo Jesucristo.
27. El que es el mismo ayer, hoy y para siempre.
28. El que hace llover sobre malos y buenos, sobre heterosexuales y homosexuales, sobre justos e injustos.
29. Bueno, perfecto, lleno de amor y de justicia.
30. Carente de maldad.
31. Quien ha dado la Tierra a todos los hombres por igual y no a un grupito escogido que se creen mejores que nadie.
32. Aquel cuyo hijo no es mentiroso.
33. El que tiene su casa en el Cielo y no necesita altares hechos por manos humanas en la Tierra.
34. El verbo.
35. Quien no ama el dinero.
36. Quien tiene a su unigénito ungido.
37. El Padre del hombre más grande que ha tenido la Tierra, Jesucristo; más grande que todos los profetas del mundo.
38. El que valora las cosas del Cielo y no las de la Tierra.
39. Quien viste a los lirios del campo con mejores vestiduras que las que poseía el rey Salomón.
40. Quien dice que hará por nosotros cosas mayores que las que hizo por los lirios de los campos.
41. Quien nos advierte que lo que pasa en la tierra nada tiene que ver con el cambio climático (climate change) del cual se aprovechan los políticos y ricachones del mundo para poner más impuestos sobre todos los habitantes de la Tierra. Lo que sucede en el planeta es debido a lo que está pasando en el universo

cambiante que se está transformando y moviendo de manera de cumplir leyes físicas establecidas por el verdadero Dios creador del universo, Padre Celestial del verdadero Jesucristo, nuestro Salvador. Nada cambiará el curso del universo. Lo único que cambiará será la capacidad económica de los que se dejen engañar, quienes empobrecerán aun más, y las cuentas bancarias de los reyes, gobernantes y ricachones del planeta que se harán más ricos mediante los impuestos puestos sobre las personas haciéndoles creer que están haciendo todo lo posible para reparar el planeta. (Apocalipsis 21:1-2) «1 Vi un cielo nuevo y una tierra nueva; porque el primer cielo y la primera tierra pasaron, y el mar ya no existía más. 2 Y yo Juan vi la santa ciudad, la nueva Jerusalén, descender del cielo, de Dios, dispuesta como una esposa ataviada para su marido». (Apocalipsis 21:23) «23 La ciudad no tiene necesidad de sol ni de luna que brillen en ella; porque la gloria de Dios la ilumina, y el Cordero es su lumbrera».

42. Quien mandó a su unigénito a la Tierra, a quien hay que creerle porque este habla por Dios.
43. Quien no ha dado poderes a la madre de Jesucristo ni la ha convertido en diosa del universo.
44. Quien no necesita un ejército para defenderse ya que él es el verdadero Dios del universo, creador de todo y el Padre de Jesucristo.
45. Quien no necesita sangre animal para quitar los pecados del mundo. (Hebreos 10:4) «4 porque la sangre de los toros y de los machos cabríos no puede quitar los pecados».
46. Uno solo con su hijo Jesucristo.
47. Quien habla las mismas cosas que su hijo Jesucristo.
48. Quien no necesita de juramentos de los hombres.
49. Quien no condena a los hombres que trabajen en el día de reposo.

50. Quien perdona toda blasfemia y todo pecado de los hombres.
51. Quien no maldice.
52. Quien perdona a la mujer adúltera.
53. Quien nos advierte que tengamos palabras hermosas en nuestras bocas para que no nos hagamos daño o dañemos a las demás personas con ofensas que las destruyen.
54. Quien respeta a las mujeres y no las presenta como objetos sexuales a los ojos de los hombres como lo hace el dios de los judíos, quien le dio hasta mil mujeres al rey Salomón para que satisficiera su impulso sexual.
55. Aquel cuyo hijo dice que amemos y bendigamos a nuestros enemigos, que les hagamos bien y oremos por ellos. Que les demos de beber y de comer si tuvieren hambre y sed.
56. Quien no hace tesoros materiales en la Tierra tal y como los hace el dios farsante del Viejo Testamento. (Mateo 6:19-21) «19 No os hagáis tesoros en la tierra, donde la polilla y el orín corrompen, y donde ladrones minan y hurtan; 20 sino haceos tesoros en el cielo, donde ni la polilla ni el orín corrompen, y donde ladrones no minan ni hurtan. 21 Porque donde esté vuestro tesoro, allí estará también vuestro corazón». (Mateo 8:20) «20 Jesús le dijo: Las zorras tienen guaridas, y las aves del cielo nidos; mas el Hijo del Hombre no tiene dónde recostar su cabeza.» (Mateo 19:21) «21 Jesús le dijo: Si quieres ser perfecto, anda, vende lo que tienes, y dalo a los pobres, y tendrás tesoro en el cielo; y ven y sígueme». (Mateo 20-25) «25 Entonces Jesús, llamándolos, dijo: Sabéis que los gobernantes de las naciones se enseñorean de ellas, y los que son grandes ejercen sobre ellas potestad». (1 Timoteo 6:10-11) «10 porque raíz de todos los males es el amor al dinero, el cual codiciando algunos, se extraviaron de la fe, y fueron traspasados de muchos dolores.

11 Mas tú, oh hombre de Dios, huye de estas cosas, y sigue la justicia, la piedad, la fe, el amor, la paciencia, la mansedumbre.»

57. Quien cree en el perdón.
58. Quien no le huye a la luz ni se esconde entre las tinieblas como hace el dios del Viejo Testamento.
59. Quien no tiene que luchar mano a mano con un ser humano para dejarle ver que es Dios.
60. Aquel cuyo hijo es la luz del mundo.
61. Aquel cuyo hijo es quien resplandece en nuestros corazones.
62. Quien nos libra de las tinieblas.
63. Quien nos libra de la potestad de las tinieblas y nos transfiere al reino de la Luz.
64. Aquel cuyo reino no es de este mundo.
65. Quien perdona los pecados del mundo.
66. Un Dios de vida y de edificación.
67. Quien desea que guardemos su Palabra. (La «Epístola secreta de Santiago» nos dice de esta manera:
«16 Cuidad la palabra. Pues la primera parte de la palabra es fe, la segunda amor, la tercera obras; de las tres, viene la vida. Porque la palabra es como un grano de trigo; cuando alguien lo siembra es que tiene fe en él; y cuando germina, lo ama porque ve varios granos en lugar de uno solo. Y cuando labora, se salva porque del grano hace alimento dejando, de nuevo, algunos otros para sembrarlos. Y también vosotros, así, podéis recibir el Reino de los Cielos. Solo si recibís este verdadero conocimiento, seréis capaces de encontrarlo»).
68. Quien disciplina a sus hijos para protegerlos y salvarlos de las cosas malas.
69. Quien sana todas las enfermedades.
70. Quien ablanda los corazones de los hombres.

71. Aquel cuyo hijo hace ver a los ciegos, hace hablar a los mudos, hace escuchar a los sordos, levanta a los paralíticos, multiplica los panes y los pescados, y resucita a los muertos.

72. Quien nos salva de los peligros.

73. Quien nos da cordura.

74. Quien alimenta al hombre con el pan de la vida.

75. Quien siempre cumple sus promesas.

76. En quien yo puedo confiar un ciento por ciento.

77. Quien no es celoso.

78. Quien protege a sus hijos y no los manda a quemar como hace el dios de los judíos.

79. Quien obedece sus propios mandamientos.

80. Quien ofrece vida en abundancia.

81. El Padre del Buen Pastor, Jesucristo.

82. Amor, gozo, paz, paciencia, benignidad, bondad, fe, mansedumbre y templanza.

83. Quien no roba las tierras de otros ni bombardea sus territorios.

84. Quien nos da la solución para acabar con todas las guerras en nuestro planeta. (Mateo 5:44-45) «44 Pero yo os digo: Amad a vuestros enemigos, bendecid a los que os maldicen, haced bien a los que os aborrecen, y orad por los que os ultrajan y os persiguen; 45 para que seáis hijos de vuestro Padre que está en los cielos, que hace salir su sol sobre malos y buenos, y que hace llover sobre justos e injustos».

85. Justo.

86. Aquel cuyo pueblo escogido es la humanidad entera y no un grupito de gente en el Medio Oriente.

87. Liberador.

88. Pacífico.

89. Al que se adora durante las horas de la luz, durante el día.

90. Quien vino al mundo no a condenarlo, sino a salvarlo.

91. Quien no quiere que perdamos la fe. Hay esperanza para todos por igual. (Juan 14:13-14) «13 Y todo lo que pidiereis al Padre en mi nombre, lo haré, para que el Padre sea glorificado en el Hijo. 14 Si algo pidiereis en mi nombre, yo lo haré».

92. Quien deshace las obras del diablo.

93. Quien conoce al dios falso de este mundo.

94. El que no niega a Jesucristo.

95. El que quiere que pongamos nuestra mira en las cosas de Dios.

96. Quien mantendrá nuestros nombres en el libro de la vida si no rechazamos a Jesucristo.

97. Quien presta sin esperar nada a cambio.

98. A quien se le hace difícil dejar entrar al Cielo al que tiene riquezas porque puso su amor en el oro y no en Dios.

99. A quien debemos servir y no a las riquezas.

100. Justicia, paz y gozo del Espíritu Santo.

101. Quien nos da vida eterna.

102. Aquel cuyo hijo, Jesucristo, es la cabeza de ángulo y en ningún otro hay Salvación.

103. Quien nos advierte que no todo será fin en nuestro planeta para los que creen en Jesucristo sino para el reino de las tinieblas. (Juan 6:40) «40 Y esta es la voluntad del que me ha enviado: Que todo aquel que ve al Hijo, y cree en él, tenga vida eterna; y yo le resucitaré en el día postrero».

104. Aquel cuyo hijo Jesucristo dejó que los niños vinieran a él.

105. Quien siempre da buenos frutos.

106. Cuyo hijo Jesucristo vino a servir y no a ser servido.

107. Quien dice que el pueblo de Moisés no es el pueblo de Dios. (Juan 8:47) «47 El que es de Dios, las palabras de Dios oye; por esto no las oís vosotros, porque no sois de Dios». (Juan 8:42) «42 Jesús entonces les dijo: Si vuestro padre fuese Dios, ciertamente me amaríais; porque yo de Dios he salido, y he venido; pues no he venido de mí mismo, sino que él me envió». (Juan 8:19) «19 Ellos le dijeron: ¿Dónde está tu Padre? Respondió Jesús: Ni a mí me conocéis, ni a mi Padre; si a mí me conocieseis, también a mi Padre conoceríais».

108. De arriba.

109. El Padre del Rey.

110. Aquel cuyo hijo vino a establecer su reino celestial en la tierra y quien volverá otra vez.

111. Quien tiene muchas moradas en el Cielo.

112. Aquel cuyo hijo llevará a su pueblo al Cielo, a aquellos que no nieguen su nombre y afirmen que Jesucristo es hijo de Dios.

113. Quien habita en nuestros cuerpos, su gran templo.

114. Quien nos hace nacer nuevamente en Cristo Jesús.

115. Quien hace pasar las cosas viejas, creando, de esa manera, una nueva criatura en Cristo Jesús.

116. Quien cuyo hijo Jesucristo tiene un rebaño de ovejas que conocen su voz y que lo siguen y lo obedecen.

117. Aquel en cuyo hijo, Jesucristo, tenemos victoria.

118. Aquel cuyo hijo, Jesucristo, venció al mundo.

119. Aquel cuyo hijo, Jesucristo, es la puerta de entrada a la casa del Padre Celestial.

120. Aquel cuyo hijo, Jesucristo, nos da de beber del agua de la vida eterna.

121. Aquel cuyo hijo, Jesucristo, nos ha prometido la resurrección luego de que muramos en este cuerpo. (Juan 5:24-25) «24 De cierto, de cierto os digo: El que oye mi palabra, y cree al que me envió, tiene vida eterna; y no vendrá a condenación, mas ha pasado de muerte a vida. 25 De cierto, de cierto os digo: Viene la hora, y ahora es, cuando los muertos oirán la voz del Hijo de Dios; y los que la oyeren vivirán». (Juan 11:25) «25 Le dijo Jesús: Yo soy la resurrección y la vida; el que cree en mí, aunque esté muerto, vivirá».

122. Aquel cuyo hijo, Jesucristo, siempre ha dicho la verdad. (Juan 1:17) «17 Pues la ley por medio de Moisés fue dada, pero la gracia y la verdad vinieron por medio de Jesucristo».

123. Aquel cuyo hijo, Jesucristo, vino a sanar y no a matar. (Mateo 8:16-17) «16 Y cuando llegó la noche, trajeron a él muchos endemoniados; y con la palabra echó fuera a los demonios, y sanó a todos los enfermos; 17 para que se cumpliese lo dicho por el profeta Isaías, cuando dijo: Él mismo tomó nuestras enfermedades, y llevó nuestras dolencias».

124. Aquel cuyo hijo, Jesucristo, nos convierte en nuevas criaturas en él.

125. Quien nos ha mostrado, sin duda alguna, su verdadero nombre el cual es Jesús (el Padre, Dios creador de todo el universo) y no Jehová. (El que tenga ojos, vea. Y el que tenga oídos, oiga.) (Apocalipsis 14:1) «1 Después miré, y he aquí el Cordero estaba en pie sobre el monte de Sion, y con él ciento cuarenta y cuatro mil que tenían el nombre de él y el de su Padre escrito en la frente». (Juan 10:30) «30 Yo y el Padre uno somos». (Filipenses 2:5-10) «5 Haya, pues, en vosotros este sentir que hubo también en Cristo Jesús, 6 el cual, siendo en forma de Dios, no estimó el ser igual a Dios como cosa a que aferrarse, 7 sino que se despojó a sí mismo, tomando forma de siervo, hecho semejante a los hombres; 8 y estando en la condición de hombre, se humilló a sí mismo, haciéndose obediente

hasta la muerte, y muerte de cruz. 9 Por lo cual Dios también le exaltó hasta lo sumo, y le dio un nombre que es sobre todo nombre, 10 para que en el nombre de Jesús se doble toda rodilla de los que están en los cielos, y en la tierra, y debajo de la tierra». (Juan 17:10) «10 y todo lo mío es tuyo, y lo tuyo mío; y he sido glorificado en ellos». (Juan 14:7) «7 Si me conocieseis, también a mi Padre conoceríais; y desde ahora le conocéis, y le habéis visto». (Juan 17:11 {Reina Valera Actualizada 2015}) «11 Ya no estoy más en el mundo pero ellos están en el mundo, y yo voy a ti. Padre santo, guárdalos en tu nombre que me has dado, para que sean uno así como nosotros lo somos».

126. El árbol bueno que da buen fruto y no el árbol malo que da malos frutos por el dios de los judíos.

(Lucas 6:43-44) «43 No es buen árbol el que da malos frutos, ni árbol malo el que da buen fruto. 44 Porque cada árbol se conoce por su fruto; pues no se cosechan higos de los espinos, ni de las zarzas se vendimian uvas».

127. Quien nos advierte que conservemos el espíritu de vida y no el espíritu contrario, sino las personas con espíritu pecaminoso tendrán que regresar a los brazos del primer gobernante (el dios de Moisés).

(«Evangelio apócrifo de Juan» {14:10-16}«10 Después del nacimiento, si el Espíritu de la Vida crece, y el poder viene y refuerza el alma, nadie podrá conducir a este alma por el mal camino con malas acciones. 11 Mas las personas sobre las que desciende el espíritu contrario son engañadas por este espíritu y se extravían. 12 Yo dije: "Señor, ¿a dónde irán las almas de estas personas cuando abandonen la carne?". 13 Él se rio y me dijo: "El alma que tiene más poder que el espíritu despreciable es fuerte. Se escapa del mal, y a través de la intervención del Imperecedero es salvada y conducida al reposo eterno". 14 Yo dije: "Señor, ¿a dónde irán las almas de las personas que no saben a quién pertenecen?". 15 Él me dijo: "El espíritu despreciable se hace más fuerte en tales personas cuando se extravían. Este espíritu coloca una pesada carga sobre el alma, la conduce a malas acciones y la arroja al olvido". 16 Después que el alma abandona el cuerpo, es entregada a las autoridades que han nacido a través del primer gobernante».

128. Quien nos asegura que el fin del mundo creado por el dios de los judíos terminará para siempre (no más guerras, no más muertes, no más hambre, no más infierno sobre la Tierra, no más enfermedades, no más miserias, no más llanto, no más dolor, no más gobiernos corruptos, no más odios, no más rencores, no más criminales, no más injusticias, no más dioses falsos, no más venganzas, no más iglesias mentirosas, rameras y estafadoras. Pero mucho cuidado porque viene un personaje, muy pronto, que va a imitar lo antes dicho, pero que no es nuestro Jesucristo sino alguien que va a pretender ser el verdadero Jesucristo y hasta a los escogidos por Dios va a engañar). (Mateo 24:35) «35 El cielo y la tierra pasarán, pero mis palabras no pasarán».

129. Aquel cuyo hijo, Jesucristo, es nuestro pastor.

130. Quien no juzga al mundo sino que quiere salvarlo, a diferencia del dios del Viejo Testamento —y la Iglesia católica— que anda destruyendo el planeta con sus guerras despiadadas desde hace miles de años. (Juan 12:47) «47 Al que oye mis palabras, y no las guarda, yo no le juzgo; porque no he venido a juzgar al mundo, sino a salvar al mundo».

131. Aquel cuyo hijo, Jesucristo, nos habla por primera vez del Reino de los Cielos.

132. Quien habla con Juan para prevenirnos de lo que viene para las personas que se desvían del camino divino. («Evangelio apócrifo de Juan» {14:21-22}«21 Yo dije: "Señor, ¿a dónde irán las almas de las personas que una vez tuvieron conocimiento mas luego se apartaron?". 22 Él me dijo: "Serán llevadas al lugar donde van los ángeles miserables, donde no hay arrepentimiento. Serán mantenidas allí hasta el día en que los que han blasfemado contra el Espíritu sean juzgados y castigados eternamente"».)

133. Aquel cuyo hijo, Jesucristo, tiene misericordia de las personas con defectos físicos y mentales. (Lucas 13:11-13) «11 y había allí una mujer que desde hacía dieciocho años tenía espíritu de enfermedad, y andaba encorvada, y en ninguna manera se podía enderezar.12 Cuando Jesús la vio, la llamó y le dijo: "Mujer, eres libre de tu enfermedad". 13 Y puso las manos sobre ella; y ella se enderezó luego, y glorificaba a Dios».

134. Aquel cuyo hijo, Jesucristo, ofrece a la gente la opción de seguirlo a él o al que se hace llamar Dios en el Viejo Testamento. (Juan 14:6) «6 Jesús le dijo: Yo soy el camino, y la verdad, y la vida; nadie viene al Padre, sino por mí». (Jesucristo nunca utilizó el nombre del dios del Viejo Testamento para identificarlo como su padre. El nombre del padre de Jesucristo no es mencionado en el Nuevo Testamento)

135. Aquel cuyo hijo, Jesucristo, vino a destruir la ley del dios del Viejo Testamento. (Por eso lo mataron los creadores de la ley del dios del Viejo Testamento quienes obedecían a ese dios fiel y temerosamente). (Romanos 10:4) «4 porque el fin de la ley es Cristo, para justicia a todo aquel que cree». (Oseas 13:4) «4 Mas yo soy Jehová tu Dios desde la tierra de Egipto; no conocerás, pues, otro dios fuera de mí, ni otro salvador sino a mí».

136. Quien se diferencia del dios del Viejo Testamento y el Nuevo Testamento. (2 Corintios 6:14-15) «14 No os unáis en yúgo desigual con los incrédulos; porque ¿qué compañerismo tiene la justicia con la injusticia? ¿Y qué comunión la luz con las tinieblas? 15 ¿Y qué concordia Cristo con Belial? ¿O qué parte el creyente con el incrédulo?». (1 Juan 5:19) «19 Sabemos que somos de Dios, y el mundo entero está bajo el maligno». (2 Corintios 4:4) «4 en los cuales el dios de este siglo cegó el entendimiento de los incrédulos, para que no les resplandezca la luz del evangelio de la gloria de Cristo, el cual es la imagen de Dios».

137. Quien nos convierte de las tinieblas a la luz, y de la potestad de Satanás a Dios. (Hechos 26:18) «18 para que abras sus ojos, para que se conviertan de las tinieblas a la luz, y de la potestad de Satanás a Dios; para que reciban, por la fe que es en mí, perdón de pecados y herencia entre los santificados».

138. Quien nos pide que no dudemos. (Mateo 14:30-31) «30 Pero al ver el fuerte viento, tuvo miedo; y comenzando a hundirse, dio voces, diciendo: "¡Señor, sálvame!". 31 Al momento Jesús, extendiendo la mano, asió de él, y le dijo: "¡Hombre de poca fe! ¿Por qué dudaste?"». (Mateo 18:11) «11 Porque el Hijo del Hombre ha venido para salvar lo que se había perdido». (Juan 14:12) «12 De cierto, de cierto os digo: El que en mí cree, las obras que yo hago, él las hará también; y aun mayores hará, porque yo voy al Padre».

139. Quien nos dice que todos los que estamos en Cristo Jesús somos la luz del mundo. (Mateo 5:16) «16 Así alumbre vuestra luz delante de los hombres, para que vean vuestras buenas obras, y glorifiquen a vuestro Padre que está en los cielos».

140. Quien nos dice que el regreso de Jesucristo va a ser grandioso y que está muy pronto a suceder. (Mateo 24:27) «27 Porque como el relámpago que sale del oriente y se muestra hasta el occidente, así será también la venida del Hijo del Hombre».

141. Quien nos advierte que todos debemos estar preparados para el momento del regreso de Jesucristo. (Esto no va a ser un secuestro extraterrestre como le han hecho ver a mucha gente. Hay que tener mucho cuidado con la nefasta tecnología que será utilizada en la Tierra, la cual tendrá el poder de presentar imágenes en el cielo —con audio colectivo en todos los idiomas del planeta—. Hasta los mismos escogidos por Dios serán engañados). (Mateo 24:44-47) «44 Por tanto, también vosotros estad preparados; porque el Hijo del Hombre vendrá a la hora que no pensáis. 45 ¿Quién es, pues, el siervo fiel y prudente, al cual puso su señor sobre su casa para que les dé el

alimento a tiempo? 46 Bienaventurado aquel siervo al cual, cuando su señor venga, le halle haciendo así. 47 De cierto os digo que sobre todos sus bienes le pondrá».

142. Quien nos advierte de las vanas letanías que se rezan en las iglesias paganas —las creadas con Constantino—, las que no agradan al Dios verdadero, Padre de Jesucristo nuestro Salvador. (Mateo 6:6-7) «6 Mas tú, cuando ores, entra en tu aposento, y cerrada la puerta, ora a tu Padre que está en secreto; y tu Padre que ve en lo secreto te recompensará en público. 7 Y orando, no uséis vanas repeticiones, como los gentiles, que piensan que por su palabrería serán oídos».

143. Quien nos advierte del engaño más grande del mundo diciendo que fuimos engañados por aquel que se hace llamar «Dios» y nos consuela diciendo que tenemos un verdadero Salvador, Jesucristo. (2 Corintios 11:14) «14 Y no es maravilla, porque el mismo Satanás se disfraza como ángel de luz». (1 Timoteo 2:5) «5 Porque hay un solo Dios, y un solo mediador entre Dios y los hombres, Jesucristo hombre».

144. Aquel cuyo hijo, Jesucristo, derramó su sangre bendita para la salvación de la humanidad entera.

145. Quien nos advierte de varias entidades (demonios) que traen calamidad a la humanidad. («Evangelio de Juan» {9:30-33}«30 De estos cuatro demonios han venido pasiones: De la congoja vienen los celos, la envidia, el dolor, los conflictos, los apuros, la dureza de corazón, la ansiedad, la pena y así sucesivamente. 31 Del placer vienen mucho mal, la vanidad y cosas parecidas. 32 Del deseo vienen la ira, la cólera, la amargura, la lujuria intensa, la codicia y cosas parecidas. 33 Del miedo vienen el terror, el servilismo, la angustia y la vergüenza».

146. Quien nos va a dar un mundo sin problemas de cambios climáticos. (Apocalipsis7:16) «16 Ya no tendrán hambre ni sed, y el sol no caerá más sobre ellos, ni calor alguno».

147. Quien nos promete una nueva tierra en su nombre y en nombre de Jesucristo. (Apocalipsis 22:1-5) «1 Después me mostró un río limpio de agua de vida, resplandeciente como cristal, que salía del trono de Dios y del Cordero. 2 En medio de la calle de la ciudad, y a uno y otro lado del río, estaba el árbol de la vida, que produce doce frutos, dando cada mes su fruto; y las hojas del árbol eran para la sanidad de las naciones. 3 Y no habrá más maldición; y el trono de Dios y del Cordero estará en ella, y sus siervos le servirán, 4 y verán su rostro, y su nombre estará en sus frentes. 5 No habrá allí más noche; y no tienen necesidad de luz de lámpara, ni de luz del sol, porque Dios el Señor los iluminará; y reinarán por los siglos de los siglos».

148. Quien nos dijo que no sirvamos a dos señores. (Mateo 6:24) «24 Ninguno puede servir a dos señores; porque o aborrecerá al uno y amará al otro, o estimará al uno y menospreciará al otro. No podéis servir a Dios y a las riquezas».

149. Aquel cuyo hijo, Jesucristo, fue rechazado por el pueblo del dios del Viejo Testamento.

150. Quien nos dice que no critiquemos a las demás personas. (Mateo 7:1) «1 No juzguéis, para que no seáis juzgados».

151. El que advierte a las iglesias rameras que deben cambiar su modo de ser y predicar el verdadero evangelio de su hijo, Jesucristo, identificando a los impostores que quieren predicar uno falso. (Apocalipsis 2:7) «7 El que tiene oído, oiga lo que el Espíritu dice a las iglesias. Al que venciere, le daré a comer del árbol de la vida, el cual está en medio del paraíso de Dios». (Apocalipsis 2:2) «2 Yo conozco tus obras, y tu arduo trabajo y paciencia; y que no puedes soportar a los malos, y has probado a los que se dicen ser apóstoles, y no lo son, y los has hallado mentirosos».

152. Quien nos dice que pidamos al Dios verdadero, Padre de Jesucristo, porque el dios del Viejo Testamento da a su pueblo escogido por él y no a los que se creen ser el pueblo de él (las iglesias cristianas que

viven en las tinieblas que los mantiene ciegos). (Mateo 7:7-8) «7 Pedid, y se os dará; buscad, y hallaréis; llamad, y se os abrirá. 8 Porque todo aquel que pide, recibe; y el que busca, halla; y al que llama, se le abrirá».

153. Quien nos conoce de arriba abajo y sabe si estamos vivos o estamos muertos. (Apocalipsis 3:2-3) «2 Sé vigilante, y afirma las otras cosas que están para morir; porque no he hallado tus obras perfectas delante de Dios. 3 Acuérdate, pues, de lo que has recibido y oído; y guárdalo, y arrepiéntete. Pues si no velas, vendré sobre ti como ladrón, y no sabrás a qué hora vendré sobre ti».

154. Quien quiere que su iglesia, la que no fue contaminada con las mentiras del dios de los judíos y tergiversó la Palabra de Jesucristo —la iglesia maldita de Constantino—, abra los ojos a la verdad y deseche la falsa doctrina de la gran ramera para que nuestros nombres sean escritos en el libro de la vida. (2 Tesalonicenses 2:1-4) «1 Pero con respecto a la venida de nuestro Señor Jesucristo, y nuestra reunión con él, os rogamos, hermanos, 2 que no os dejéis mover fácilmente de vuestro modo de pensar, ni os conturbéis, ni por espíritu, ni por palabra, ni por carta como si fuera nuestra, en el sentido de que el día del Señor está cerca. 3 Nadie os engañe en ninguna manera; porque no vendrá sin que antes venga la apostasía, y se manifieste el hombre de pecado, el hijo de perdición, 4 el cual se opone y se levanta contra todo lo que se llama Dios o es objeto de culto; tanto que se sienta en el templo de Dios como Dios, haciéndose pasar por Dios».

155. Quien nos advierte que estemos atentos para entrar por una puerta muy especial, muy estrecha, porque la mayor parte de la humanidad (casi los ocho billones de almas del planeta) ha decidido entrar por la que es muy ancha, por donde entran los que quieren estar de parranda 24/7. (Mateo 7:13) «13 Entrad por la puerta estrecha; porque ancha es la puerta, y espacioso el camino que lleva a la perdición, y muchos son los que entran por ella».

156. Quien estará con nosotros para vencer con nosotros al final de los tiempos. (Apocalipsis 3:5) «5 El que venciere será vestido de vestiduras blancas; y no borraré su nombre del libro de la vida, y confesaré su nombre delante de mi Padre, y delante de sus ángeles».

157. Como ningún otro falso dios de los humanos, esos demonios del espacio exterior que se hicieron dioses en la Tierra. (Apocalipsis 22:13) «13 Yo soy el Alfa y la Omega, el principio y el fin, el primero y el último».

158. Quien no quiere que juzguemos a nadie. (Mateo 7:1) «1 No juzguéis, para que no seáis juzgados».

159. Quien nos advierte sobre los líderes falsos que rigen las sinagogas de Satanás, robando, violando niños, cerrando el verdadero camino a la salvación que nos diera Jesucristo. (¡Muchas vestimentas de famosos diseñadores, muchas prendas, muchos autos deportivos, pero al pueblo le dan las migajas mientras ellos viven como reyes en supermansiones!) (Mateo 7:15-16) «15 Guardaos de los falsos profetas, que vienen a vosotros con vestidos de ovejas, pero por dentro son lobos rapaces. 16 Por sus frutos los conoceréis. ¿Acaso se recogen uvas de los espinos, o higos de los abrojos?».

160. Quien nos advierte sobre el amor a las riquezas y sus consecuencias. (1 Timoteo 6:10) «10 porque raíz de todos los males es el amor al dinero, el cual codiciando algunos, se extraviaron de la fe, y fueron traspasados de muchos dolores». (Mateo 6:19-21) «19 No os hagáis tesoros en la tierra, donde la polilla y el orín corrompen, y donde ladrones minan y hurtan; 20 sino haceos tesoros en el cielo, donde ni la polilla ni el orín corrompen, y donde ladrones no minan ni hurtan. 21 Porque donde esté vuestro tesoro, allí estará también vuestro corazón». (Mateo 19:23) «23 Entonces Jesús dijo a sus discípulos: "De cierto os digo, que difícilmente entrará un rico en el reino de los Cielos"». (Mateo 16:26) «26 Porque ¿qué aprovechará al hombre, si ganare todo el mundo, y perdiere su alma? ¿O qué recompensa dará el hombre por su alma?».

161. Quien nos libra de la maldición de la ley del dios de los judíos. (Gálatas 4:4-5) «4 Pero cuando vino el cumplimiento del tiempo, Dios envió a su Hijo, nacido de mujer y nacido bajo la ley, 5 para que redimiese a los que estaban bajo la ley, a fin de que recibiésemos la adopción de hijos». (Romanos 10:4) «4 porque el fin de la ley es Cristo, para justicia a todo aquel que cree»."

162. Quien nos advierte de lo hipócrita de las iglesias falsas que siguen la doctrina del dios del Viejo Testamento, creyéndose que irán a la nueva Tierra, al nuevo Cielo prometido por Jesucristo. (Mateo 7:21) «21 No todo el que me dice: "Señor, Señor" entrará en el reino de los cielos, sino el que hace la voluntad de mi Padre que está en los cielos».

163. Quien nos previene de lo que harían en el futuro los que tienen el poder de cambiar las cosas de acuerdo a sus deseos vanos y hambre por la sangre inocente y el dinero corruptible, tal como decir que lo bueno es malo y que lo malo es bueno, según los intereses de los que creen ser dioses (los gobernantes) en la Tierra, quienes deciden lo que nuestros infantes van a aprender en las escuelas, lo que se va a predicar en las iglesias verdaderas de Cristo Jesús —no en las rameras—, lo que podremos hablar y callar en los trabajos y lo que será retirado del mercado literario que atente contra los derechos de unos pocos. (Isaías 5:20) «20 ¡Ay de los que a lo malo dicen bueno, y a lo bueno malo; que hacen de la luz tinieblas, y de las tinieblas luz; que ponen lo amargo por dulce, y lo dulce por amargo!».

164. Quien nos dice que esos que se creen escogidos por Dios, pero que fueron escogidos por el dios del Viejo Testamento —al que siguen las iglesias de Constantino—, serán echados por el verdadero Dios a quien nadie sigue. (Mateo 8:11-12) «11 Y os digo que vendrán muchos del oriente y del occidente, y se sentarán con Abraham e Isaac y Jacob en el reino de los cielos; 12 mas los hijos

del reino serán echados a las tinieblas de afuera; allí será el lloro y el crujir de dientes».

165. Quien luchará en el final de los tiempos contra las iglesias rameras que han engañado a la humanidad por diecisiete siglos, contra ese dios falso del Viejo Testamento y tendrá la victoria para sus verdaderos escogidos de entre todas las razas del mundo.

(Apocalipsis 17:14) «14 Pelearán contra el Cordero, y el Cordero los vencerá, porque él es Señor de señores y Rey de reyes; y los que están con él son llamados y elegidos y fieles». (Apocalipsis 17:1-2) «1 Vino entonces uno de los siete ángeles que tenían las siete copas, y habló conmigo diciéndome: Ven acá, y te mostraré la sentencia contra la gran ramera, la que está sentada sobre muchas aguas; 2 con la cual han fornicado los reyes de la tierra, y los moradores de la tierra se han embriagado con el vino de su fornicación».

166. Quien quiere que todos veamos el regreso de Jesucristo pero, para que eso ocurra, debemos acabar con la mentira del dios del Viejo Testamento que nos ha asesinado la salvación por diecisiete siglos.

(2 Corintios 3:15-16) «15 Y aun hasta el día de hoy, cuando se lee a Moisés, el velo está puesto sobre el corazón de ellos. 16 Pero cuando se conviertan al Señor, el velo se quitará».

167. Quien nos advierte que pronto viene el que se va a declarar dios en la Tierra, el mesías del dios del Viejo Testamento —grandemente esperado por el pueblo judío—, el cual traerá paz al mundo, la cura de muchas enfermedades, y nos hablará sobre los secretos del universo, sobre los grandes misterios de la Palabra de Dios, de manera que hasta los mismos científicos y ateos del mundo creerán en él y se postrarán a sus pies blasfemos. (1 Corintios 8:5-6) «5 Pues aunque haya algunos que se llamen dioses, sea en el cielo, o en la tierra (como hay muchos dioses y muchos señores), 6 para nosotros, sin embargo, solo

hay un Dios, el Padre, del cual proceden todas las cosas, y nosotros somos para él; y un Señor, Jesucristo, por medio del cual son todas las cosas, y nosotros por medio de él». (Gálatas 1:8) «8 Mas si aun nosotros, o un ángel del cielo, os anunciare otro evangelio diferente del que os hemos anunciado, sea anatema». (1 Juan 5:19-20) «19 Sabemos que somos de Dios, y el mundo entero está bajo el maligno. 20 Pero sabemos que el Hijo de Dios ha venido, y nos ha dado entendimiento para conocer al que es verdadero; y estamos en el verdadero, en su Hijo Jesucristo. Este es el verdadero Dios, y la vida eterna».

168. Quien nos prometió que cualquiera que crea en su hijo Jesucristo (el verdadero, no el impostor) vivirá eternamente por haber creído en el Dios viviente y no en el dios de muerte del Viejo Testamento. (Juan 11:25) «25 Le dijo Jesús: Yo soy la resurrección y la vida; el que cree en mí, aunque esté muerto, vivirá». (Lucas 20:38) «38 Porque Dios no es Dios de muertos, sino de vivos, pues para él todos viven». (Juan 3:16) «16 Porque de tal manera amó Dios al mundo, que ha dado a su Hijo unigénito, para que todo aquel que en él cree, no se pierda, mas tenga vida eterna». (1 Juan 5:11) «11 Y este es el testimonio: que Dios nos ha dado vida eterna; y esta vida está en su Hijo». (Juan 3:36) «36 El que cree en el Hijo tiene vida eterna; pero el que rehúsa creer en el Hijo no verá la vida, sino que la ira de Dios está sobre él».

169. Quien se enfrentará contra la iglesia apóstata, contra los gobernantes y ricachones del mundo en la última guerra que acabará con todas las guerras, la cual se librará en el planeta Tierra. (Hechos 4:26) «26 Se reunieron los reyes de la tierra, Y los príncipes se juntaron en uno Contra el Señor, y contra su Cristo».

170. Quien nos revela que su Hijo Jesucristo va a tratar con cada uno de nosotros individualmente para ajustar cuentas, por lo cual cada uno de nosotros es responsable de sus actos. (Apocalipsis 3:3) «3 Acuérdate, pues, de lo que has recibido y oído; y guárdalo, y arrepiéntete. Pues si no velas, vendré sobre ti como ladrón, y no sabrás a qué hora vendré sobre ti».

Por lo cual debemos estar de buenas con él si queremos ver su regreso. (Juan 14:22-23) «22 Le dijo Judas (no el Iscariote): "Señor, ¿cómo es que te manifestarás a nosotros, y no al mundo?". 23 Respondió Jesús y le dijo: "El que me ama, mi palabra guardará; y mi Padre le amará, y vendremos a él, y haremos morada con él"». (Juan 14:21) «21 El que tiene mis mandamientos, y los guarda, ese es el que me ama; y el que me ama, será amado por mi Padre, y yo le amaré, y me manifestaré a él».

171. Quien quiere que nos libremos de las cosas que nos atan a este mundo físico. (Gálatas 5:19-21) «19 Y manifiestas son las obras de la carne, que son: adulterio, fornicación, inmundicia, lascivia, 20 idolatría, hechicerías, enemistades, pleitos, celos, iras, contiendas, disensiones, herejías, 21 envidias, homicidios, borracheras, orgías, y cosas semejantes a estas; acerca de las cuales os amonesto, como ya os lo he dicho antes, que los que practican tales cosas no heredarán el reino de Dios».

172. Quien nos advierte sobre los frutos buenos (buenos pastores) y los frutos malos (pastores engañadores). (Mateo 7:15-20) «15 Guardaos de los falsos profetas, que vienen a vosotros con vestidos de ovejas, pero por dentro son lobos rapaces. 16 Por sus frutos los conoceréis. ¿Acaso se recogen uvas de los espinos, o higos de los abrojos? 17 Así, todo buen árbol da buenos frutos, pero el árbol malo da frutos malos. 18 No puede el buen árbol dar malos frutos, ni el árbol malo dar frutos buenos. 19 Todo árbol que no da buen fruto, es cortado y echado en el fuego. 20 Así que, por sus frutos los conoceréis».

173. Quien nos aclara quién es el dios de los judíos y el Dios de Jesucristo. (Levítico 26:7) «7 Y perseguiréis a vuestros enemigos, y caerán a espada delante de vosotros». (Lucas 6:35-36) «35 Amad, pues, a vuestros enemigos, y haced bien, y prestad, no esperando de ello nada; y será vuestro galardón grande, y seréis hijos del Altísimo; porque él es benigno para con los ingratos y malos. 36 Sed, pues, misericordiosos, como también vuestro Padre es misericordioso». (Ezequiel 9:5-6) «5 Y a los otros dijo, oyéndolo yo: Pasad por la

ciudad en pos de él, y matad; no perdone vuestro ojo, ni tengáis misericordia. 6 Matad a viejos, jóvenes y vírgenes, niños y mujeres, hasta que no quede ninguno; pero a todo aquel sobre el cual hubiere señal, no os acercaréis; y comenzaréis por mi santuario. Comenzaron, pues, desde los varones ancianos que estaban delante del templo».

¡Más claro no canta un gallo! El que tenga ojos, vea. El que tenga oídos, oiga. Y el que tenga cerebro, entienda.

174. Aquel cuyo hijo, Jesucristo, reconoce la maldad, la falsedad y la especie del pueblo escogido por el dios del Viejo Testamento. (Mateo 23: 13-29) «13 Mas ¡ay de vosotros, escribas y fariseos, hipócritas! porque cerráis el reino de los cielos delante de los hombres; pues ni entráis vosotros, ni dejáis entrar a los que están entrando. 14 ¡Ay de vosotros, escribas y fariseos, hipócritas! porque devoráis las casas de las viudas, y como pretexto hacéis largas oraciones; por esto recibiréis mayor condenación. 15 ¡Ay de vosotros, escribas y fariseos, hipócritas! porque recorréis mar y tierra para hacer un prosélito, y una vez hecho, le hacéis dos veces más hijo del infierno que vosotros. 16 ¡Ay de vosotros, guías ciegos! que decís: Si alguno jura por el templo, no es nada; pero si alguno jura por el oro del templo, es deudor. 17 ¡Insensatos y ciegos! porque ¿cuál es mayor, el oro, o el templo que santifica al oro? 18 También decís: Si alguno jura por el altar, no es nada; pero si alguno jura por la ofrenda que está sobre él, es deudor. 19 ¡Necios y ciegos! porque ¿cuál es mayor, la ofrenda, o el altar que santifica la ofrenda? 20 Pues el que jura por el altar, jura por él, y por todo lo que está sobre él; 21 y el que jura por el templo, jura por él, y por el que lo habita; 22 y el que jura por el cielo, jura por el trono de Dios, y por aquel que está sentado en él. 23 ¡Ay de vosotros, escribas y fariseos, hipócritas! porque diezmáis la menta y el eneldo y el comino, y dejáis lo más importante de la ley: la justicia, la misericordia y la fe. Esto era necesario hacer, sin dejar de hacer aquello. 24 ¡Guías ciegos, que coláis el mosquito, y tragáis el camello! 25 ¡Ay de vosotros, escribas y fariseos, hipócritas! porque limpiáis lo de fuera del vaso y del plato, pero por dentro estáis llenos de robo y de injusticia. 26 ¡Fariseo ciego! Limpia primero lo de dentro del vaso y del plato, para que también lo

de fuera sea limpio. 27 ¡Ay de vosotros, escribas y fariseos, hipócritas! porque sois semejantes a sepulcros blanqueados, que por fuera, a la verdad, se muestran hermosos, mas por dentro están llenos de huesos de muertos y de toda inmundicia. 28 Así también vosotros por fuera, a la verdad, os mostráis justos a los hombres, pero por dentro estáis llenos de hipocresía e iniquidad. 29 ¡Ay de vosotros, escribas y fariseos, hipócritas! porque edificáis los sepulcros de los profetas, y adornáis los monumentos de los justos». (Mateo 23:33) «33 ¡Serpientes, generación de víboras! ¿Cómo escaparéis de la condenación del infierno?».

175. Quien consolará a las personas que hayan padecido bajo el dios del Viejo Testamento y los pobres seguidores ciegos de las iglesias de Constantino dándonos vida eterna y sacándonos de las garras del dios de este mundo. (Apocalipsis 21:4) «4 Enjugará Dios toda lágrima de los ojos de ellos; y ya no habrá muerte, ni habrá más llanto, ni clamor, ni dolor; porque las primeras cosas pasaron». (1 Corintios 15:26) «26 Y el postrer enemigo que será destruido es la muerte». (Hebreos 2:14) «14 Así que, por cuanto los hijos participaron de carne y sangre, él también participó de lo mismo, para destruir por medio de la muerte al que tenía el imperio de la muerte, esto es, al diablo».

176. Aquel cuyo hijo, Jesucristo, es el único que obtendrá la victoria final sobre el dios de este mundo, el dios del Viejo Testamento. (1 Juan 5:5) «5 ¿Quién es el que vence al mundo, sino el que cree que Jesús es el Hijo de Dios?».

177. Quien nos indica a quiénes debemos predicar el evangelio. (Mateo 9:12-13) «12 Al oír esto Jesús, les dijo: "Los sanos no tienen necesidad de médico, sino los enfermos". 13 Id, pues, y aprended lo que significa: Misericordia quiero, y no sacrificio. Porque no he venido a llamar a justos, sino a pecadores, al Arrepentimiento».

178. Quien no quiere que nos confundamos con las viejas escrituras y las doctrinas del dios del Viejo Testamento. (1 Juan 5:1) «1 Todo aquel que cree que Jesús es el Cristo, es nacido de Dios; y todo aquel que ama al que engendró, ama también al que ha sido engendrado por él».

179. Quien nos advierte que un reino —en los últimos tiempos— (que es considerado por todos como el justiciero y el policía del mundo, Estados Unidos —de acuerdo a mi interpretación—, adorador del dios del Viejo Testamento —dios de guerras y de muertes—, está listo para enfrentarse a todos los reinos de la Tierra al mismo tiempo —Rusia, China, Irán, Corea de Norte, Venezuela—. Otra interpretación podría afirmar que es Rusia dicho reino, quien ha amenazado al mundo con guerra nuclear) traerá destrucción a todo el planeta Tierra, tal vez, mediante el uso de armas nucleares. (Jeremías 1:13-14) «13 Vino a mí la palabra de Jehová por segunda vez, diciendo: ¿Qué ves tú? Y dije: Veo una olla que hierve; y su faz está hacia el norte. 14 Me dijo Jehová: Del norte se soltará el mal sobre todos los moradores de esta tierra».

180. Quien nos pide que esperemos por el Salvador del mundo. (Hebreos 9:28) «28 así también Cristo fue ofrecido una sola vez para llevar los pecados de muchos; y aparecerá por segunda vez, sin relación con el pecado, para salvar a los que le esperan para ser uno con él». (Gálatas 3:28) «28 Ya no hay judío ni griego; no hay esclavo ni libre; no hay varón ni mujer; porque todos vosotros sois uno en Cristo Jesús».

181. Quien nos dice que, si recibimos algo gratis, lo compartamos gratis. (Mateo 10:8) «8 Sanad enfermos, limpiad leprosos, resucitad muertos, echad fuera demonios; de gracia recibisteis, dad de gracia».

182. Quien nos promete que los que han sido engañados por los vividores de las iglesias rameras (no todas lo son) verán la verdad cuando reconozcan que fueron cegados por el dios del Viejo Testamento. (Apocalipsis 7:9-14) «9 Después

de esto miré, y he aquí una gran multitud, la cual nadie podía contar, de todas naciones y tribus y pueblos y lenguas, que estaban delante del trono y en la presencia del Cordero, vestidos de ropas blancas, y con palmas en las manos; 10 y clamaban a gran voz, diciendo: La salvación pertenece a nuestro Dios que está sentado en el trono, y al Cordero. 11 Y todos los ángeles estaban en pie alrededor del trono, y de los ancianos y de los cuatro seres vivientes; y se postraron sobre sus rostros delante del trono, y adoraron a Dios, 12 diciendo: Amén. La bendición y la gloria y la sabiduría y la acción de gracias y la honra y el poder y la fortaleza, sean a nuestro Dios por los siglos de los siglos. Amén. 13 Entonces uno de los ancianos habló, diciéndome: Estos que están vestidos de ropas blancas, ¿quiénes son, y de dónde han venido? 14 Yo le dije: Señor, tú lo sabes. Y él me dijo: Estos son los que han salido de la gran tribulación, y han lavado sus ropas, y las han emblanquecido en la sangre del Cordero».

183. Quien nos advierte que tengamos cuidado de no seguir adorando (refiriéndose a la iglesia católica y muchas iglesias cristianas rameras, no todas) al falso dios de este mundo, el que peca, el que se estableció como dios en la Tierra. (2 Tesalonicenses 2:3-4) «3 Nadie os engañe en ninguna manera; porque no vendrá sin que antes venga la apostasía, y se manifieste el hombre de pecado, el hijo de perdición, 4 el cual se opone y se levanta contra todo lo que se llama Dios o es objeto de culto; tanto que se sienta en el templo de Dios como Dios, haciéndose pasar por Dios».

185. Quien nos advierte que hoy en día estamos haciendo lo mismo que sucedía en tiempos de Noé y que no estamos mirando ni entendiendo las señales que nos rodean. (Mateo 24:38-39) «38 Porque como en los días antes del diluvio estaban comiendo y bebiendo, casándose y dando en casamiento, hasta el día en que Noé entró en el arca, 39 y no entendieron hasta que vino el diluvio y se los llevó a todos, así será también la venida del Hijo del Hombre».

186. Quien nos advierte lo que sucederá en un tiempo muy lejano, nuestro presente actual. (Mateo 10:21-23)

«21 El hermano entregará a la muerte al hermano, y el padre al hijo; y los hijos se levantarán contra los padres, y los harán morir. 22 Y seréis aborrecidos de todos por causa de mi nombre; mas el que persevere hasta el fin, este será salvo. 23 Cuando os persigan en esta ciudad, huid a la otra; porque de cierto os digo, que no acabaréis de recorrer todas las ciudades de Israel, antes que venga el Hijo del Hombre».

187. Quien nos advierte que en nuestro tiempo presente la humanidad se habrá vuelto totalmente fría, matando cualquier fe que estuviera luchando consigo misma, tratando de salvarse a sí misma. (Lucas 18:8) «8 Os digo que pronto les hará justicia. Pero cuando venga el Hijo del Hombre, ¿hallará fe en la tierra?».

188. Quien nos advierte a quién debemos temer. (Mateo 10:28) «28 Y no temáis a los que matan el cuerpo, mas el alma no pueden matar; temed más bien a aquel que puede destruir el alma y el cuerpo en el infierno».

189. Quien nos dice cómo será el regreso de Jesucristo. (Mateo 16:27) « 27 Porque el Hijo del Hombre vendrá en la gloria de su Padre con sus ángeles, y entonces pagará a cada uno conforme a sus obras».

190. Quien nos recuerda cuál es la ley más grande para el Dios verdadero. (Mateo 22:36-40) «36 Maestro, ¿cuál es el gran mandamiento en la ley? 37 Jesús le dijo: Amarás al Señor tu Dios con todo tu corazón, y con toda tu alma, y con toda tu mente. 38 Este es el primero y grande mandamiento.39 Y el segundo es semejante: Amarás a tu prójimo como a ti mismo. 40 De estos dos mandamientos depende toda la ley y los profetas».

191. Quien nos advierte de los falsos pastores y falsos curas. (Mateo 23:13) «13 Mas ¡ay de vosotros, escribas y fariseos, hipócritas! porque cerráis el reino de los cielos delante de los hombres; pues ni entráis vosotros, ni dejáis entrar a los que están entrando». (Mateo 23:25-28) «25 ¡Ay de vosotros, escribas y fariseos, hipócritas! porque limpiáis lo de fuera del vaso y del plato, pero por dentro estáis llenos de robo y de injusticia. 26 ¡Fariseo ciego! Limpia primero lo de

dentro del vaso y del plato, para que también lo de fuera sea limpio.
27 ¡Ay de vosotros, escribas y fariseos, hipócritas! porque sois semejantes a sepulcros blanqueados, que por fuera, a la verdad, se muestran hermosos, mas por dentro están llenos de huesos de muertos y de toda inmundicia.
28 Así también vosotros por fuera, a la verdad, os mostráis justos a los hombres, pero por dentro estáis llenos de hipocresía e iniquidad».
(Mateo 23:33) «33 ¡Serpientes, generación de víboras! ¿Cómo escaparéis de la condenación del infierno?».

192. Quien nos advierte de los últimos días de la Tierra.

(Mateo 24:4-27) «4 Respondiendo Jesús, les dijo: Mirad que nadie
os engañe. 5 Porque vendrán muchos en mi nombre, diciendo: Yo soy el
Cristo; y a muchos engañarán. 6 Y oiréis de guerras y rumores de
guerras; mirad que no os turbéis, porque es necesario que todo esto
acontezca; pero aún no es el fin. 7 Porque se levantará nación contra
nación, y reino contra reino; y habrá pestes, y hambres, y terremotos
en diferentes lugares. 8 Y todo esto será principio de dolores. 9 Entonces
os entregarán a tribulación, y os matarán, y seréis aborrecidos de todas
las gentes por causa de mi nombre. 10 Muchos tropezarán entonces, y
se entregarán unos a otros, y unos a otros se aborrecerán. 11 Y muchos
falsos profetas se levantarán, y engañarán a muchos; 12 y por haberse
multiplicado la maldad, el amor de muchos se enfriará. 13 Mas el que
persevere hasta el fin, este será salvo. 14 Y será predicado este
evangelio del reino en todo el mundo, para testimonio a todas las naciones;
y entonces vendrá el fin. 15 Por tanto, cuando veáis en el lugar santo la
abominación desoladora de que habló el profeta Daniel (el que lee,
entienda), 16 entonces los que estén en Judea, huyan a los montes.
17 El que esté en la azotea, no descienda para tomar algo de su casa;
18 y el que esté en el campo, no vuelva atrás para tomar su capa. 19 Mas
¡ay de las que estén encinta, y de las que críen en aquellos días! 20 Orad,
pues, que vuestra huida no sea en invierno ni en día de reposo; 21 porque
habrá entonces gran tribulación, cual no la ha habido desde el principio del
mundo hasta ahora, ni la habrá. 22 Y si aquellos días no fuesen acortados,
nadie sería salvo; mas por causa de los escogidos, aquellos días serán
acortados. 23 Entonces, si alguno os dijere: Mirad, aquí está el Cristo, o

mirad, allí está, no lo creáis. 24 Porque se levantarán falsos Cristos, y falsos profetas, y harán grandes señales y prodigios, de tal manera que engañarán, si fuere posible, aun a los escogidos. 25 Ya os lo he dicho antes. 26 Así que, si os dijeren: Mirad, está en el desierto, no salgáis; o mirad, está en los aposentos, no lo creáis. 27 Porque como el relámpago que sale del oriente y se muestra hasta el occidente, así será también la venida del Hijo del Hombre». (Las profecías no se hicieron para asustar sino para que la gente se prepare para ser salva).

193. Quien les sigue recordando a los que creen ser la iglesia de Jesucristo, pero que siguen adorando al dios de Moisés, que están equivocados. (Marcos 12:26-27)

«26 Pero respecto a que los muertos resucitan, ¿no habéis leído en el libro de Moisés cómo le habló Dios en la zarza, diciendo: Yo soy el Dios de Abraham, el Dios de Isaac y el Dios de Jacob? 27 Dios no es Dios de muertos, sino Dios de vivos; así que vosotros mucho erráis».

194. Quien manda una advertencia a Israel para que dejen de estar exterminando a sus primos de Palestina.

(Mateo 12:29-31) «29 Porque ¿cómo puede alguno entrar en la casa del hombre fuerte, y saquear sus bienes, si primero no le ata? Y entonces podrá saquear su casa. 30 El que no es conmigo, contra mí es; y el que conmigo no recoge, desparrama. 31 Por tanto os digo: Todo pecado y blasfemia será perdonado a los hombres; mas la blasfemia contra el Espíritu no les será perdonada».

195. Quien nos advierte que debemos cuidarnos.

(Lucas 9:25) «25 Pues ¿qué aprovecha al hombre, si gana todo el mundo, y se destruye o se pierde a sí mismo?».

196. Quien nos advierte sobre los amantes del dinero que no lo comparten con los necesitados del mundo.

(Lucas 18:24-25) «24 Al ver Jesús que se había entristecido mucho, dijo: ¡Cuán difícilmente entrarán en el reino de Dios los que tienen riquezas! 25 Porque es más fácil pasar un camello por el ojo de una aguja, que entrar un rico en el reino de Dios».

197. Quien nos dice que lo que fue escrito debe de cumplirse tal como se cumplió lo que estaba escrito sobre Jesucristo. (Lucas 24:46-47) «46 y les dijo: Así está escrito, y así fue necesario que el Cristo padeciese, y resucitase de los muertos al tercer día; 47 y que se predicase en su nombre el arrepentimiento y el perdón de pecados en todas las naciones, comenzando desde Jerusalén».

198. Quien nos habla sobre el amor como ley suprema para que los hombres puedan vivir en paz en la Tierra. (1 Corintios 13:1-13) «1 Si yo hablase lenguas humanas y angélicas, y no tengo amor, vengo a ser como metal que resuena, o címbalo que retiñe. 2 Y si tuviese profecía, y entendiese todos los misterios y toda ciencia, y si tuviese toda la fe, de tal manera que trasladase los montes, y no tengo amor, nada soy. 3 Y si repartiese todos mis bienes para dar de comer a los pobres, y si entregase mi cuerpo para ser quemado, y no tengo amor, de nada me sirve. 4 El amor es sufrido, es benigno; el amor no tiene envidia, el amor no es jactancioso, no se envanece; 5 no hace nada indebido, no busca lo suyo, no se irrita, no guarda rencor; 6 no se goza de la injusticia, mas se goza de la verdad. 7 Todo lo sufre, todo lo cree, todo lo espera, todo lo soporta. 8 El amor nunca deja de ser; pero las profecías se acabarán, y cesarán las lenguas, y la ciencia acabará. 9 Porque en parte conocemos, y en parte profetizamos; 10 mas cuando venga lo perfecto, entonces lo que es en parte se acabará. 11 Cuando yo era niño, hablaba como niño, pensaba como niño, juzgaba como niño; mas cuando ya fui hombre, dejé lo que era de niño. 12 Ahora vemos por espejo, oscuramente; mas entonces veremos cara a cara. Ahora conozco en parte; pero entonces conoceré como fui conocido. 13 Y ahora permanecen la fe, la esperanza y el amor, estos tres; pero el mayor de ellos es el amor».

199. Quien nos advierte que debemos acabar con todas las guerras en el mundo porque nuestros verdaderos enemigos, con los que vamos a combatir algún día, son del espacio exterior. (Efesios 6:12) «12 Porque no tenemos lucha contra sangre y carne, sino contra principados, contra potestades, contra los gobernadores de las tinieblas de este siglo, contra huestes espirituales de maldad en las regiones celestes».

200. Quien nos advierte de la última mentira que timará al mundo entero, muy pronta a ocurrir. (1 Juan 2:22) «22 ¿Quién es el mentiroso, sino el que niega que Jesús es el Cristo? Este es anticristo, el que niega al Padre y al Hijo». (2 Tesalonicenses 2:1-4) «1 Pero con respecto a la venida de nuestro Señor Jesucristo, y nuestra reunión con él, os rogamos, hermanos, 2 que no os dejéis mover fácilmente de vuestro modo de pensar, ni os conturbéis, ni por espíritu, ni por palabra, ni por carta como si fuera nuestra, en el sentido de que el día del Señor está cerca. 3 Nadie os engañe en ninguna manera; porque no vendrá sin que antes venga la apostasía, y se manifieste el hombre de pecado, el hijo de perdición, 4 el cual se opone y se levanta contra todo lo que se llama Dios o es objeto de culto; tanto que se sienta en el templo de Dios como Dios, haciéndose pasar por Dios».

201. Quien bendice a toda la humanidad.

202. Mi vida.

203. Mi salvación.

204. Mi sanador por excelencia.

205. Mi todo. Sin él no soy nada.

206. Quien me oye y protege a mi familia.

207. Quien es dueño de todo.

208. Quien nos ha dado una paternidad única.

209. Quien nos recuerda que no somos huérfanos.

210. Quien nos dará un nuevo cielo y una nueva tierra.

211. Luz y no tinieblas.

212. Dios, el verdadero Dios

213. Un Dios de bienaventuranzas. (Mateo 5:3-11)
«1 Viendo la multitud, subió al monte; y sentándose, vinieron a él sus discípulos. 2 Y abriendo su boca les enseñaba, diciendo: 3 Bienaventurados los pobres en espíritu, porque de ellos es el reino de los cielos.
4 Bienaventurados los que lloran, porque ellos recibirán consolación.

5 Bienaventurados los mansos, porque ellos recibirán la tierra por heredad. 6 Bienaventurados los que tienen hambre y sed de justicia, porque ellos serán saciados. 7 Bienaventurados los misericordiosos, porque ellos alcanzarán misericordia. 8 Bienaventurados los de limpio corazón, porque ellos verán a Dios. 9 Bienaventurados los pacificadores, porque ellos serán llamados hijos de Dios. 10 Bienaventurados los que padecen persecución por causa de la justicia, porque de ellos es el reino de los cielos. 11 Bienaventurados sois cuando por mi causa os vituperen y os persigan, y digan toda clase de mal contra vosotros, mintiendo».

214. Quien nos dice que la única manera de ser salvos es creyendo en Jesucristo. (Hechos 16: 30) «30 y sacándolos, les dijo: Señores, ¿qué debo hacer para ser salvo?».

215. Dios, no oro ni plata.

216. Quien nos da un corazón de carne y un espíritu nuevo.

217. Quien no necesita de estatuas de vírgenes de todos los colores, bebitos tallados, ni cruces cargando a un pobre y desnutrido Jesucristo crucificado, sangrando y muerto.

218. Quien vive mediante el fruto del Espíritu. (Gálatas 5:22-23) «22 Mas el fruto del Espíritu es amor, gozo, paz, paciencia, benignidad, bondad, fe, 23 mansedumbre, templanza; contra tales cosas no hay ley».

219. Quien cura a la gente y no los hace perecer. Veamos lo que dice el «Evangelio árabe de la infancia de Jesús»: «XL 1. En otra ocasión, Jesús había salido por las calles. Y, habiendo visto a algunos niños, que se habían reunido para jugar, se dirigió a ellos. Pero los niños, al advertir que se les acercaba, huyeron de él, y se ocultaron en un horno. Jesús los siguió, se detuvo a la puerta de la casa, y, viendo a unas mujeres, les preguntó dónde habían ido los niños. Y las mujeres respondieron: No hay aquí uno solo. Él les dijo: Y los que están en el horno, ¿quiénes son? Las mujeres le dijeron: Son machos cabríos de tres años. Y Jesús exclamó: Salgan afuera,

cerca de su pastor, los machos cabríos que en el horno están. Y del horno salieron cabritillos, que saltaban y brincaban, jugueteando, alrededor de Jesús. Testigos de este espectáculo, las mujeres, presa de admiración y de pavor, corrieron a prosternarse en súplica ante Jesús, diciéndole: ¡Oh Señor Nuestro, Jesús, hijo de María! Tú eres, en verdad, el buen pastor de Israel. Ten piedad de tus siervas, que están en tu presencia, y que no dudan de ti. ¡Oh Señor nuestro, tú has venido a curar, y no a hacer perecer!».

Mi Dios no es

1. Cualquier ángel del cielo.
2. Cualquiera que se haga llamar Dios.
3. El que castiga indiscriminadamente.
4. Quien se arrima a un solo pueblo para protegerlo.
5. Quien mata a hombres, mujeres y niños, y aun los de pecho.
6. El que mata a espada a sus enemigos.
7. El que no perdona a nadie y toma venganza.
8. El que ordena matar a su hermano, a su amigo y a su pariente.
9. El que no tiene misericordia.
10. El que no me escucha.
11. El que pide ojo por ojo y diente por diente.
12. El que paga vida por vida.
13. El que ordena tomar venganza.
14. El que devuelve golpe por golpe.
15. El que escucha solamente a un pueblo «escogido».
16. El que tiene a un solo pueblo escogido de entre ocho billones de habitantes sobre la Tierra.
17. El que ordena a sus escogidos apedrear a otras personas.
18. El que cambia de opinión a conveniencia.
19. Imperfecto.

20. Quien separa naciones y favorece a ciertos pueblos en particular.
21. Quien quita la tierra de algunos pueblos para darla gratis a otros pueblos favorecidos.
22. Quien destruye pueblos enteros.
23. El que necesita altares en la Tierra para poder habitar físicamente en ellos. (Hechos 17: 24-25) «24 El Dios que hizo el mundo y todas las cosas que en él hay, siendo Señor del cielo y de la tierra, no habita en templos hechos por manos humanas, 25 ni es honrado por manos de hombres, como si necesitase de algo; pues él es quien da a todos vida y aliento y todas las cosas».
24. El que ama el dinero más que a su pueblo.
25. El sustantivo ni el adjetivo.
26. El que tiene camisas y sacos ungidos en las iglesias cristianas.
27. El que valora las cosas de la Tierra más que las del Cielo.
28. Quien se conforma con la grandeza del hechicero rey Salomón.
29. Quien coloca como reyes a criminales de guerra. (2 Samuel 8:13) «13 Así ganó David fama. Cuando regresaba de derrotar a los sirios, destrozó a dieciocho mil edomitas en el Valle de la Sal». (1 Samuel 27:9) «9 Y asolaba David el país, y no dejaba con vida hombre ni mujer; y se llevaba las ovejas, las vacas, los asnos, los camellos y las ropas, y regresaba a Aquis».
30. Quien necesita un ejército para defenderse.
31. Distinto a Jesucristo.
32. Quien hace todo lo contrario a lo que hace Jesucristo.
33. Quien hace jurar a las personas en su nombre.

34. Quien ordena asesinatos impunes. (1 Samuel 15:2-3)
«2 Así ha dicho Jehová de los ejércitos: Yo castigaré lo que hizo Amalec a Israel al oponérsele en el camino cuando subía de Egipto. 3 Ve, pues, y hiere a Amalec, y destruye todo lo que tiene, y no te apiades de él; mata a hombres, mujeres, niños, y aun los de pecho, vacas, ovejas, camellos y asnos». (Deuteronomio 2:33-34) «33 Mas Jehová nuestro Dios lo entregó delante de nosotros; y lo derrotamos a él y a sus hijos, y a todo su pueblo. 34 Tomamos entonces todas sus ciudades, y destruimos todas las ciudades, hombres, mujeres y niños; no dejamos ninguno». (Deuteronomio 3:3) «3 Y Jehová nuestro Dios entregó también en nuestra mano a Og rey de Basán, y a todo su pueblo, al cual derrotamos hasta acabar con todos». (Deuteronomio 6:14-15) «14 No andaréis en pos de dioses ajenos, de los dioses de los pueblos que están en vuestros contornos; 15 porque el Dios celoso, Jehová tu Dios, en medio de ti está; para que no se inflame el furor de Jehová tu Dios contra ti, y te destruya de sobre la tierra». (Éxodo 20:5) «5 No te inclinarás a ellas, ni las honrarás; porque yo soy Jehová tu Dios, fuerte, celoso, que visito la maldad de los padres sobre los hijos hasta la tercera y cuarta generación de los que me aborrecen».

35. Quien ordena matar a toda persona que trabaje el día de reposo.

36. Quien ordena la muerte de toda persona que blasfeme su nombre.

37. Quien ordena matar a la mujer adúltera.

38. Quien ordena no comer ciertos animales para de esta manera poder segregar a su pueblo escogido de los otros pueblos que piensa arrasar con su furia.

39. Quien nos hace codiciar a una mujer como si fuera un objeto sexual.

40. Celoso y vengador.

41. Quien mata a sus enemigos y a los enemigos de su pueblo escogido.

42. Quien no cree en el perdón.

43. El que camina entre tinieblas. (1 Reyes 8:12) «12 Entonces dijo Salomón: Jehová ha dicho que él habitaría en la oscuridad». (Éxodo 20:21) «21 Entonces el pueblo estuvo a lo lejos, y Moisés se acercó a la oscuridad en la cual estaba Dios». (Deuteronomio 5:22) «22 Estas palabras habló Jehová a toda vuestra congregación en el monte, de en medio del fuego, de la nube y de la oscuridad, a gran voz; y no añadió más. Y las escribió en dos tablas de piedra, las cuales me dio a mí». (Amós 5:18) «18 ¡Ay de los que desean el día de Jehová! ¿Para qué queréis este día de Jehová? Será de tinieblas, y no de luz».

44. Quien lucha, mano a mano, con un hombre y es vencido por este hombre.

45. Quien tiene su reino en este mundo de muertes, guerras y miserias.

46. Quien no perdona los pecados.

47. Un dios de odios, muerte y destrucción.

48. Quien ordena apedrear a los hijos desobedientes hasta la muerte. (Deuteronomio 21:18-21) «18 Si alguno tuviere un hijo contumaz y rebelde, que no obedeciere a la voz de su padre ni a la voz de su madre, y habiéndole castigado, no les obedeciere; 19 entonces lo tomarán su padre y su madre, y lo sacarán ante los ancianos de su ciudad, y a la puerta del lugar donde viva; 20 y dirán a los ancianos de la ciudad: Este nuestro hijo es contumaz y rebelde, no obedece a nuestra voz; es glotón y borracho. 21 Entonces todos los hombres de su ciudad lo apedrearán, y morirá; así quitarás el mal de en medio de ti, y todo Israel oirá, y temerá».

49. Quien es presentado en las iglesias como un dios de amor y de misericordia, pero es todo lo contrario a Jesucristo.

50. Quien hiere a sus hijos por placer.

51. Quien necesita convertir varas en culebras para mostrar que él es Dios.

52. Quien endurece los corazones de las personas.
53. Quien enferma a la gente.
54. Quien se glorifica matando a la gente.
55. Quien se hace ver como el salvador del mundo sin serlo.
56. Quien nos lleva al peligro.
57. Quien maldice a los pueblos.
58. Quien ordena comer la carne de nuestros hijos. (Jeremías 19:9) «9 Y les haré comer la carne de sus hijos y la carne de sus hijas, y cada uno comerá la carne de su amigo, en el asedio y en el apuro con que los estrecharán sus enemigos y los que buscan sus vidas».
59. Quien ordena comernos a los recién nacidos en caso de haber necesidad, algo muy parecido a lo que sucede hoy día con el derecho al aborto. (Deuteronomio 28:57) «57 al recién nacido que sale de entre sus pies, y a sus hijos que diere a luz; pues los comerá ocultamente, por la carencia de todo, en el asedio y en el apuro con que tu enemigo te oprimirá en tus ciudades». (Ahora comprendo de dónde viene la idea de asesinar bebitos en Estados Unidos y el resto del mundo).
60. El dios del Viejo Testamento, el dios de los judíos.
61. Quien amenaza a los hombres.
62. Quien nos hiere.
63. Quien nos da locura.
64. Quien mata al hombre de hambre.
65. Quien no cumple sus promesas.
66. En quien yo no puedo confiar en absoluto.
67. Quien es maldito en naturaleza.
68. Quien quema a sus hijos.

69. Quien hace todo lo contrario a los mandamientos que él mismo ordena.
70. Quien quita vida en abundancia.
71. El lobo que se disfraza de oveja y de ángel de luz.
72. Genocida y despiadado.
73. Quien roba las tierras de otros.
74. Injusto.
75. Quien cree en la esclavitud.
76. Quien reparte los botines de guerra entre su gente escogida.
77. Quien ofrece santidad a criminales de guerra.
78. Mercader de una fe, de una enseñanza contraria a la enseñanza de Jesucristo.
79. Racista.
80. El Dios al que se adora durante la noche, durante las tinieblas.
81. El que hace las obras malignas sobre la Tierra y enferma a la gente.
82. Codicioso.
83. Asolador.
84. Incendiario.
85. Un ser que podríamos, con vocabulario moderno, identificar como un extraterrestre de esferas infernales («infernales» debido a los asesinatos de humanos cometidos por él y su banda de criminales que se hicieron pasar por dioses en todas partes del planeta —los vigilantes—, de quienes hablaron todas las culturas en sus textos religiosos como el *Mahabarata* en la India, el *Popol Vuh*, en la cultura maya, *El libro de*

lamas tibetanos, en el Tíbet, el *Poema del Gilgamesh*, en Sumeria, la Biblia en las religiones cristianas, El *Ramayana* en la India, los textos de Qumran, del mar Muerto, la tabla sagrada de la tribu hopi, en Estados Unidos, y otros...) que aparece en escenarios que podríamos describir como naves espaciales de mundos que vinieron al nuestro para esclavizar, matar, violar, robar y destruir a la humanidad creada por el Dios verdadero, Padre de Jesucristo, de acuerdo a descripciones que tenemos en nuestros libros religiosos. (Éxodo 19:18-23) «18 Todo el monte Sinaí humeaba, porque Jehová había descendido sobre él en fuego; y el humo subía como el humo de un horno, y todo el monte se estremecía en gran manera. 19 El sonido de la bocina iba aumentando en extremo; Moisés hablaba, y Dios le respondía con voz tronante. 20 Y descendió Jehová sobre el monte Sinaí, sobre la cumbre del monte; y llamó Jehová a Moisés a la cumbre del monte, y Moisés subió. 21 Y Jehová dijo a Moisés: Desciende, ordena al pueblo que no traspase los límites para ver a Jehová, porque caerá multitud de ellos. 22 Y también que se santifiquen los sacerdotes que se acercan a Jehová, para que Jehová no haga en ellos estrago. 23 Moisés dijo a Jehová: El pueblo no podrá subir al monte Sinaí, porque tú nos has mandado diciendo: Señala límites al monte, y santifícalo». (Toráh-Éxodo 19:18-23) «18 El monte Sinay estaba todo lleno de humo, porque YHWH había bajado a él en fuego; el humo subía como el humo de un horno, y todo el monte temblaba violentamente. 19 El sonido del cuerno se hacía cada vez más fuerte. Cuando Moshé hablaba, ha'Elohim le contestaba con una voz. 20 YHWH bajó sobre el monte Sinay, sobre la cumbre del monte, y YHWH llamó a Moshé a la cumbre del monte y Moshé subió. 21 Entonces YHWH le dijo a Moshé: "Baja, adviértele al pueblo que no traspasen los límites para venir a ver a YHWH, no sea que muchos de ellos perezcan. 22 Los sacerdotes también, que se acerquen a YHWH, tienen que mantenerse puros, no sea que YHWH haga estragos entre ellos". 23 Pero Moshé le dijo a YHWH: "El pueblo no puede subir al Monte Sinay, porque tú nos advertiste diciendo: 'Pon límites alrededor del monte y santifícalo'"».

En «El libro de Enoc», Enoc nos habla de los vigilantes —podemos descifrar quiénes son estos seres, los ángeles caídos que violaron a las hijas de los hombres y tuvieron hijos gigantes— y lo que acontecería en un tiempo muy distante, refiriéndose a la presente e incauta generación: «Capítulo 1: 2 Enoc, hombre justo a quien le fue revelada una visión del Santo y del cielo pronunció su oráculo y dijo: la visión del Santo de los cielos me fue revelada y oí todas las palabras de los Vigilantes y de los Santos y porque las escuché he aprendido todo de ellos y he comprendido que no hablaré para esta generación sino para una lejana que está por venir». En el «Libro de Ezequiel», Ezequiel nos hace un relato de su encuentro de lo que parece ser una nave espacial, con los seres que en ella venían: «(Ezequiel 1:4-11-4) Miré, y he aquí que un viento huracanado venía del norte, una gran nube con fuego fulgurante y un resplandor a su alrededor, y en su centro, algo como metal refulgente en medio del fuego. 5 En su centro había figuras semejantes a cuatro seres vivientes. Y este era su aspecto: tenían forma humana. 6 Tenía cada uno cuatro caras, y cuatro alas cada uno de ellos. 7 Sus piernas eran rectas, y la planta de sus pies era como la planta de la pezuña del ternero, y brillaban como bronce bruñido. 8 Bajo sus alas, a sus cuatro lados, tenían manos humanas. En cuanto a las caras y a las alas de los cuatro, 9 sus alas se tocaban una a la otra y sus caras no se volvían cuando andaban; cada uno iba de frente hacia adelante. 10 Y la forma de sus caras era como la cara de un hombre; los cuatro tenían cara de león a la derecha y cara de toro a la izquierda, y los cuatro tenían cara de águila; 11 así eran sus caras».) Pablo ya nos había hablado de estos seres infernales de otras galaxias, contra los que hay que luchar y no entre nosotros mismos, los humanos. (Efesios 6:12) «12 Porque no tenemos lucha contra sangre y carne, sino contra principados, contra potestades, contra los gobernadores de las tinieblas de este siglo, contra huestes espirituales de maldad en las regiones celestes». (Salmos 18:7-11) «7 La tierra fue conmovida y tembló; Se conmovieron los cimientos de los montes, Y se estremecieron, porque se indignó él. 8 Humo subió de su nariz, Y de su boca fuego consumidor; Carbones fueron por él encendidos. 9 Inclinó los cielos, y descendió; Y había densas tinieblas debajo de sus pies. 10 Cabalgó sobre un querubín, y voló; Voló sobre las alas del viento. 11 Puso tinieblas por su escondedero, por cortina suya alrededor de sí; Oscuridad de aguas, nubes de los cielos».

86. El que echa humo por su nariz y candela por su boca como los dragones que son adorados en las tierras del sol naciente.

87. Quien ordenó la muerte de nuestro Salvador.

88. Quien se hace pasar como el padre de Jesucristo pero que en realidad es el padre de Satanás. (Job 1:6-7) «6 Un día vinieron a presentarse delante de Jehová los hijos de Dios, entre los cuales vino también Satanás. 7 Y dijo Jehová a Satanás: ¿De dónde vienes? Respondiendo Satanás a Jehová, dijo: De rodear la tierra y de andar por ella».

89. Quien creó el divorcio.

90. Quien asesina bebitos.

91. Comida ni bebida.

92. Ansioso ni inquieto.

93. El que maldijo la Tierra y multiplicó los dolores de parto en las mujeres.

94. Quien produce malos frutos.

95. De abajo.

96. Una serpiente.

97. El que azota y mata a los escogidos por Jesucristo.

98. El diablo. (Juan 8:44) «44 Vosotros sois de vuestro padre el diablo, y los deseos de vuestro padre queréis hacer. El ha sido homicida desde el principio, y no ha permanecido en la verdad, porque no hay verdad en él. Cuando habla mentira, de suyo habla; porque es mentiroso, y padre de mentira».

99. Quien niega a Jesucristo.

100. El dios de las sinagogas de Satanás.

101. Quien cuyo pueblo ordenó la muerte de Jesucristo.

102. Quien juega con ser Dios.

103. De otra galaxia física, tal vez de Sirio (la estrella más brillante del cielo). (Isaías 30:27) «27 He aquí que el nombre de Jehová viene de lejos; su rostro encendido, y con llamas de fuego devorador; sus labios llenos de ira, y su lengua como fuego que consume». (Isaías 13:5) «5 Vienen de lejana tierra, de lo postrero de los cielos, Jehová y los instrumentos de su ira, para destruir toda la tierra». (Isaías 14:12-14) «12 ¡Cómo caíste del cielo, oh Lucero, hijo de la mañana! Cortado fuiste por tierra, tú que debilitabas a las naciones. 13 Tú que decías en tu corazón: Subiré al cielo; en lo alto, junto a las estrellas de Dios, levantaré mi trono, y en el monte del testimonio me sentaré, a los lados del norte; 14 sobre las alturas de las nubes subiré, y seré semejante al Altísimo». (Apocalipsis 12:7-9) «7 Después hubo una gran batalla en el cielo: Miguel y sus ángeles luchaban contra el dragón; y luchaban el dragón y sus ángeles; 8 pero no prevalecieron, ni se halló ya lugar para ellos en el cielo. 9 Y fue lanzado fuera el gran dragón, la serpiente antigua, que se llama diablo y Satanás, el cual engaña al mundo entero; fue arrojado a la tierra, y sus ángeles fueron arrojados con él». Si se acuerdan, luego de la gran batalla del Dios verdadero contra los ángeles caídos y Lucifer, todos estos seres malignos (a los que podemos identificar como extraterrestres) fueron a parar al planeta Tierra ya que en ella existía la humanidad creada por Dios, cuyo ADN fue manipulado por la tecnología diabólica de estas entidades en represalia por la derrota que recibieron por parte de los ángeles del Dios verdadero, creador de todo y Padre de Jesucristo.

104. Quien tiene megaiglesias en la Tierra en manos de embaucadores que engañan a la gente.

105. Quien promueve un evangelio de la prosperidad.

106. Quien formó a la humanidad. Vemos cómo el Dios verdadero **creó** a la humanidad (espiritual) y el dios de Moisés **formó** a la humanidad (carnal, pecaminosa, y no a su imagen) haciendo los cambios genéticos necesarios para destruirla y esclavizarla. (Génesis 1:27) «27 Y creó Dios al hombre a su imagen, a imagen de Dios lo creó; varón y hembra los creó». (Génesis 2:7-8) «7 Entonces Jehová Dios formó al hombre del polvo de la tierra, y sopló en su nariz aliento de vida, y fue el hombre un ser viviente. 8 Y Jehová Dios plantó un huerto en Edén, al oriente; y puso allí al hombre que había formado».

107. Quien le quita el dinero a la gente para que sus sicarios religiosos vivan como reyes en la Tierra.

108. Quien favorece a las familias billonarias del mundo que se han enriquecido por medio del pillaje, del asesinato, del robo, del engaño, de la autoadjudicación de títulos nobiliarios y sacerdotales, etcétera.

109. Quien busca testigos falsos para hacer daño a las personas que hablan la verdad.

110. Quien favorece a los criminales en vez de apoyar a los necesitados.

111. Quien diferencia entre animales limpios y animales sucios. (Génesis 7:2) «2 De todo animal limpio tomarás siete parejas, macho y su hembra; mas de los animales que no son limpios, una pareja, el macho y su hembra». De igual manera diferenció entre su pueblo escogido y los demás pueblos de la Tierra.

112. Quien destruye toda vida en todo un planeta por puro placer. (Génesis 9:15) «15 Y me acordaré del pacto mío, que hay entre mí y vosotros y todo ser viviente de toda carne; y no habrá más diluvio de aguas para destruir toda carne».

113. Quien nos ordena a asesinar a nuestra familia si no está de acuerdo con tus creencias en relación al dios

de los judíos. (Deuteronomio 13:6-9) «6 Si te incitare tu hermano, hijo de tu madre, o tu hijo, tu hija, tu mujer o tu amigo íntimo, diciendo en secreto: Vamos y sirvamos a dioses ajenos, que ni tú ni tus padres conocisteis, 7 de los dioses de los pueblos que están en vuestros alrededores, cerca de ti o lejos de ti, desde un extremo de la tierra hasta el otro extremo de ella; 8 no consentirás con él, ni le prestarás oído; ni tu ojo le compadecerá, ni le tendrás misericordia, ni lo encubrirás, 9 sino que lo matarás; tu mano se alzará primero sobre él para matarle, y después la mano de todo el pueblo».

114. Quien favorece al que vino a robar, a matar y a destruir.

115. Quien crea iglesias fundamentalistas alrededor del mundo.

116. Quien permite que una mafia religiosa tuerza las escrituras.

117. Quien nos obliga a pagarle. (Deuteronomio 14:22) «22 Indefectiblemente diezmarás todo el producto del grano que rindiere tu campo cada año».

118. Quien, de acuerdo al Viejo Testamento, todo sacerdote en el planeta que no sea levita (de la tribu de Leví) debe ser matado... Todos. (Números 3:5-7) «5 Y Jehová habló a Moisés, diciendo: 6 Haz que se acerque la tribu de Leví, y hazla estar delante del sacerdote Aarón, para que le sirvan, 7 y desempeñen el encargo de él, y el encargo de toda la congregación delante del tabernáculo de reunión para servir en el ministerio del tabernáculo».

119. Quien hizo un pacto nebuloso con un pueblo que no es el pueblo de Jesucristo.

120. Quien creó ladrones y salteadores, su pueblo. (Juan 10:8) «8 Todos los que antes de mí vinieron, ladrones son y salteadores; pero no los oyeron las ovejas».

121. Quien hace que los hombres maldigan a sus hijos. (Génesis 9:24-26) «24 Y despertó Noé de su embriaguez, y supo lo

que le había hecho su hijo más joven, 25 y dijo: Maldito sea Canaán; Siervo de siervos será a sus hermanos. 26 Dijo más: Bendito por Jehová mi Dios sea Sem, Y sea Canaán su siervo».

122. Quien ordena el asesinato de las hijas que ya no son Vírgenes. (Deuteronomio22: 13-21) « 13 Cuando alguno tomare mujer, y después de haberse llegado a ella la aborreciere, 14 y le atribuyere faltas que den que hablar, y dijere: A esta mujer tomé, y me llegué a ella, y no la hallé virgen; 15 entonces el padre de la joven y su madre tomarán y sacarán las señales de la virginidad de la doncella a los ancianos de la ciudad, en la puerta; 16 y dirá el padre de la joven a los ancianos: Yo di mi hija a este hombre por mujer, y él la aborrece; 17 y he aquí, él le atribuye faltas que dan que hablar, diciendo: "No he hallado virgen a tu hija"; pero ved aquí las señales de la virginidad de mi hija. Y extenderán la vestidura delante de los ancianos de la ciudad. 18 Entonces los ancianos de la ciudad tomarán al hombre y lo castigarán; 19 y le multarán en cien piezas de plata, las cuales darán al padre de la joven, por cuanto esparció mala fama sobre una virgen de Israel; y la tendrá por mujer, y no podrá despedirla en todos sus días. 20 Mas si resultare ser verdad que no se halló virginidad en la joven, 21 entonces la sacarán a la puerta de la casa de su padre, y la apedrearán los hombres de su ciudad, y morirá, por cuanto hizo vileza en Israel fornicando en casa de su padre; así quitarás el mal de en medio de ti».

123. Quien comete adulterio. («Evangelio según Felipe»: «46. Primero ocurrió el adulterio, luego el homicidio. Y (Caín) se engendró en adulterio, pues era el hijo de la serpiente.[1] Por eso llegó a ser un homicida igual que su padre, y mató a su hermano»).

124. Quien es caníbal. («Evangelio según Felipe») «54 Un dios es un caníbal. Por eso [se sacrifica] la humanidad a él. Antes de que fuera sacrificado el humano, se sacrificaban los animales. Pues no eran divinidades estos a los que sacrificaban. (Fel 14)»).

Podemos inquirir, entonces, que esos seres que se hicieron llamar dioses sobre la faz de la Tierra, incluyendo al dios del Viejo Testamento, eran bestias infernales inteligentes —de otros mundos— que poseían gran tecnología (magia, brujería) que usaban para controlar, esclavizar y comerse a los humanos cuyo ADN había sido alterado para aniquilar nuestro ADN adámico divino.

125. Quien no tiene amor, pues hace todo lo contrario a Jesucristo que sí ama, perdona, salva y no ordena matar a nadie.

126. Quien tiene demonios en la tierra que se disfrazan como ángeles de luz, políticos y religiosos.

127. Quien hace que los humanos se confundan entre ellos mismos, lo que causará nuevos conflictos y guerras en el planeta por los siglos de los siglos. (Génesis 11:7) «7 Ahora, pues, descendamos, y confundamos allí su lengua, para que ninguno entienda el habla de su compañero».

128. Quien mantiene el reino del infierno en la Tierra. (Éxodo 19:18) «18 Todo el monte Sinaí humeaba, porque Jehová había descendido sobre él en fuego; y el humo subía como el humo de un horno, y todo el monte se estremecía en gran manera». (Apocalipsis 9:18) «18 Por estas tres plagas fue muerta la tercera parte de los hombres; por el fuego, el humo y el azufre que salían de su boca». (Deuteronomio 4:11-12) «11 y os acercasteis y os pusisteis al pie del monte; y el monte ardía en fuego hasta en medio de los cielos con tinieblas, nube y oscuridad; 12 y habló Jehová con vosotros de en medio del fuego; oísteis la voz de sus palabras, mas a excepción de oír la voz, ninguna figura visteis». (2 Samuel 22:9) «9 Humo subió de su nariz, Y de su boca fuego consumidor; carbones fueron por él encendidos».

129. Quien crea esclavitud sexual de niñas para los sicarios del Viejo Testamento. (Jueces 5:30) «30 ¿No han hallado botín, y lo están repartiendo? A cada uno una doncella, o dos. Las vestiduras de colores para Sísara. Las vestiduras bordadas de colores, la ropa de color bordada de ambos lados, para los jefes de los que tomaron el botín».

130. Quien se pasa promoviendo la mentira. (1 Reyes 22:22-23) «22 Él dijo: Yo saldré, y seré espíritu de mentira en boca de todos sus profetas. Y él dijo: Le inducirás, y aun lo conseguirás;

ve, pues, y hazlo así. 23 Y ahora, he aquí Jehová ha puesto espíritu de mentira en la boca de todos tus profetas, y Jehová ha decretado el mal acerca de ti».

131. Quien es hipócrita. («La epístola secreta de Santiago» nos dice: «13. «Odiad la hipocresía y los malos pensamientos: pues es del pensamiento de donde nace la hipocresía, y la hipocresía está lejos de la verdad».

132. Quien pone enemistad entre marido y esposa. (Génesis 3:15) «15 Y pondré enemistad entre ti y la mujer, y entre tu simiente y la simiente suya; esta te herirá en la cabeza, y tú le herirás en el calcañar».

133. Quien le roba el árbol de la vida a la humanidad mientras Jesucristo le ofrece el árbol de la vida a la humanidad. (Génesis 3:22) «22 Y dijo Jehová Dios: He aquí el hombre es como uno de nosotros, sabiendo el bien y el mal; ahora, pues, que no alargue su mano, y tome también del árbol de la vida, y coma, y viva para siempre». (Apocalipsis 2:7) «7 El que tiene oído, oiga lo que el Espíritu dice a las iglesias. Al que venciere, le daré a comer del árbol de la vida, el cual está en medio del paraíso de Dios».

134. Quien nos daña nuestras mentes y nos sumerge en un sueño eterno (hasta el presente) para que no recordemos que nuestro ADN fue modificado por estas entidades de las tinieblas y para que no recordemos que somos creación espiritual e hijos del Dios verdadero. («Evangelio apócrifo de Juan» {11:20-23}) «20 El primer gobernante, a su vez, quería recuperar el poder que él mismo había pasado a Adán. Así que arrojó olvido sobre Adán. 21 Yo le dije al Salvador: «¿Qué es este olvido?». 22 El Salvador dijo: «No es como Moisés escribió y tú oíste. Pues él dijo en su primer libro: "Hizo que Adán quedase dormido" .» Más bien, este olvido hizo que Adán perdiera todo el sentido. 23 Así dijo el primer gobernante a través del profeta: «Haré que sus mentes sean lentas, para que no puedan comprender ni discernir».

135. Quien no viene del Cielo sino de otra tierra que no es nuestro planeta. (Isaías 13:5) «5 Vienen de lejana tierra, de lo postrero de los cielos, Jehová y los instrumentos de su ira, para destruir toda la tierra».

136. Quien promete desgracia a la gente. (Génesis 15:13) «13 Entonces Jehová dijo a Abram: Ten por cierto que tu descendencia morará en tierra ajena, y será esclava allí, y será oprimida cuatrocientos años».

137. Quien habita en la oscuridad y en las tinieblas. (1 Reyes 8:12) «12 Entonces dijo Salomón: Jehová ha dicho que él habitaría en la oscuridad».

138. Quien mata a los hambrientos. (Números 21:5-6) «5 Y habló el pueblo contra Dios y contra Moisés: ¿Por qué nos hiciste subir de Egipto para que muramos en este desierto? Pues no hay pan ni agua, y nuestra alma tiene fastidio de este pan tan liviano. 6 Y Jehová envió entre el pueblo serpientes ardientes, que mordían al pueblo; y murió mucho pueblo de Israel».

139. Quien pide la mutilación física de los varones entre su pueblo escogido. (Génesis 17:11-12) «11 Circuncidaréis, pues, la carne de vuestro prepucio, y será por señal del pacto entre mí y vosotros. 12 Y de edad de ocho días será circuncidado todo varón entre vosotros por vuestras generaciones; el nacido en casa, y el comprado por dinero a cualquier extranjero, que no fuere de tu linaje».

140. Quien discrimina a la gente que tiene defectos físicos o mentales tal como hacían los nazis. (¡Pobres chicos que pertenecen al Programa de Educación Especial hoy día, quienes tienen alguna condición médica!). (Levítico 21:16-17) «16 Y Jehová habló a Moisés, diciendo: 17 Habla a Aarón y dile: Ninguno de tus descendientes por sus generaciones, que tenga algún defecto, se acercará para ofrecer el pan de su Dios».

141. Quien hacía con la gente durante el Viejo Testamento lo que los nazis harían con su pueblo en el siglo XX.

142. Quien odia a las mujeres. (Génesis 3:16) «16 A la mujer dijo: Multiplicaré en gran manera los dolores en tus preñeces; con dolor darás a luz los hijos; y tu deseo será para tu marido, y él se enseñoreará de ti». (Oseas 13:16) «16 Samaria será asolada, porque se rebeló contra su Dios; caerán a espada; sus niños serán estrellados, y sus mujeres encintas serán abiertas». (Zacarías 14:2) «2 Porque yo reuniré a todas las naciones para combatir contra Jerusalén; y la ciudad será tomada, y serán saqueadas las casas, y violadas las mujeres; y la mitad de la ciudad irá en cautiverio, mas el resto del pueblo no será cortado de la ciudad».

143. Quien creó la lujuria pecaminosa de la que somos víctimas todos los humanos. («Evangelio apócrifo de Juan» {13:12-13}) «12 «Hasta hoy la copulación ha persistido debido al primer gobernante. El plantó la lujuria para la reproducción dentro de la mujer que estaba con Adán. » 13 A través de la copulación el primer gobernante produjo cuerpos duplicados, e insufló en ellos parte de su espíritu contrario». ¿Es posible que ya estemos hablando de clones cuando se habla de «cuerpos duplicados»?

144. Quien ordena asesinar a todos los niños varones y capturar a las niñas para convertirlas en esclavas sexuales. (Números 31:17-18) «17 Matad, pues, ahora a todos los varones de entre los niños; matad también a toda mujer que haya conocido varón carnalmente. 18 Pero a todas las niñas entre las mujeres, que no hayan conocido varón, las dejaréis con vida». (Deuteronomio 22: 28-29) «28 Cuando algún hombre hallare a una joven virgen que no fuere desposada, y la tomare y se acostare con ella, y fueren descubiertos; 29 entonces el hombre que se acostó con ella dará al padre de la joven cincuenta piezas de plata, y ella será su mujer, por cuanto la humilló; no la podrá despedir en todos sus días».

145. Quien odia a los niños en general. (Levítico 26:29) «29 Y comeréis la carne de vuestros hijos, y comeréis la carne de vuestras Hijas». (Jeremías 19:9) «9 Y les haré comer la carne de sus hijos y la carne de sus hijas, y cada uno comerá la carne de su amigo, en el asedio y en el apuro con que los estrecharán sus enemigos y los que buscan sus

vidas». (1 Samuel 15:3) «3 Ve, pues, y hiere a Amalec, y destruye todo lo que tiene, y no te apiades de él; mata a hombres, mujeres, niños, y aun los de pecho, vacas, ovejas, camellos y asnos».

146. Quien necesita de miles de animales sacrificados —becerros, carneros, corderos, machos cabríos— para saciar su apetito de sangre junto a sus ángeles caídos y demonios. (1 Reyes 8:63) «63 Y ofreció Salomón sacrificios de paz, los cuales ofreció a Jehová: veintidós mil bueyes y ciento veinte mil ovejas. Así dedicaron el rey y todos los hijos de Israel la casa de Jehová». (1 Crónicas 29:21) «21 Y sacrificaron víctimas a Jehová, y ofrecieron a Jehová holocaustos al día siguiente; mil becerros, mil carneros, mil corderos con sus libaciones, y muchos sacrificios de parte de todo Israel». (1 Reyes 8:5) «5 Y el rey Salomón, y toda la congregación de Israel que se había reunido con él, estaban con él delante del arca, sacrificando ovejas y bueyes, que por la multitud no se podían contar ni numerar». (Levítico 16:7) «7 Después tomará los dos machos cabríos y los presentará delante de Jehová, a la puerta del tabernáculo de reunión».(Isaías 66:3) «3 El que sacrifica buey es como si matase a un hombre; el que sacrifica oveja, como si degollase un perro; el que hace ofrenda, como si ofreciese sangre de cerdo; el que quema incienso, como si bendijese a un ídolo. Y porque escogieron sus propios caminos, y su alma amó sus abominaciones». (Génesis 22:10) «10 Y extendió Abraham su mano y tomó el cuchillo para degollar a su hijo».

147. Quien da poder y las riquezas del mundo a dos razas sobre la faz de la Tierra (a los descendientes de los hijos de Abraham) dejando a las demás razas del mundo rezagadas a la suerte del destino. (Génesis 21:9-13) «9 Y vio Sara que el hijo de Agar la egipcia, el cual esta le había dado a luz a Abraham, se burlaba de su hijo Isaac. 10 Por tanto, dijo a Abraham: Echa a esta sierva y a su hijo, porque el hijo de esta sierva no ha de heredar con Isaac mi hijo. 11 Este dicho pareció grave en gran manera a Abraham a causa de su hijo. 12 Entonces dijo Dios a Abraham: No te parezca grave a causa del muchacho y de tu sierva; en todo lo que te dijere Sara, oye su voz, porque en Isaac

te será llamada descendencia. 13 Y también del hijo de la sierva haré una nación, porque es tu descendiente».

148. Quien está sediento de sangre y en cuyo altar hay cuernos. (Éxodo 29:11-12) «11 Y matarás el becerro delante de Jehová, a la puerta del tabernáculo de reunión. 12 Y de la sangre del becerro tomarás y pondrás sobre los cuernos del altar con tu dedo, y derramarás toda la demás sangre al pie del altar».

149. Quien es alabado en las iglesias cristianas como si fuera el padre de Jesucristo. (Mateo 7:18) «18 No puede el buen árbol dar malos frutos, ni el árbol malo dar frutos buenos».

150. Un dios de muertos. (Lucas 20:38) «38 Porque Dios no es Dios de muertos, sino de vivos, pues para él todos viven».

151. Aquel cuyo pueblo escogido fue llamado pueblo del diablo por Jesucristo. (Jesucristo nunca miente. Por eso lo mataron). (Mateo 23:33) «33 ¡Serpientes, generación de víboras! ¿Cómo escaparéis de la condenación del infierno?».

152. Quien tiene a sus ángeles caídos (los vigilantes) dispuestos a violar a las mujeres terrícolas. («El libro de Enoc» {6:1-2}) «1 Así sucedió, que cuando en aquellos días se multiplicaron los hijos de los hombres, les nacieron hijas hermosas y bonitas; 2 y los Vigilantes, hijos del cielo las vieron y las desearon, y se dijeron unos a otros: "Vayamos y escojamos mujeres de entre las hijas de los hombres y engendremos hijos"».

153. Quien tiene iglesias de mentiras contaminadas de falsos predicadores materialistas. (Mateo 7:15) «15 Guardaos de los falsos profetas, que vienen a vosotros con vestidos de ovejas, pero por dentro son lobos rapaces».

154. Quien hace acepción de personas, favoreciendo a un pueblo y condenando a muerte a todos los demás.

155. Quien tiene falsos testigos.

156. Quien necesita cosas materiales y oro porque no es como mi Dios, el verdadero, que es espíritu y no anda

caminando por la Tierra acumulando oro para sí y sus compinches del infierno que se hacen pasar por dioses en otros países y que demandan la construcción de templos físicos donde puedan habitar entre los humanos esclavos. (Números 31:52) «52 Y todo el oro de la ofrenda que ofrecieron a Jehová los jefes de millares y de centenas fue dieciséis mil setecientos cincuenta siclos». (Deuteronomio 23:19-20) «19 No exigirás de tu hermano interés de dinero, ni interés de comestibles, ni de cosa alguna de que se suele exigir interés. 20 Del extraño podrás exigir interés, mas de tu hermano no lo exigirás, para que te bendiga Jehová tu Dios en toda obra de tus manos en la tierra adonde vas para tomar posesión de ella». (Levítico 27:30) «30 Y el diezmo de la tierra, así de la simiente de la tierra como del fruto de los árboles, de Jehová es; es cosa dedicada a Jehová». (1 Reyes 10:14) «14 El peso del oro que Salomón tenía de renta cada año, era seiscientos sesenta y seis talentos de oro».

157. Quien no sabe lo que está pasando en la Tierra y ordena a su rey preferido contar a su gente. (Miren el nombre del Dios del Viejo Testamento. ¡Más claro no canta un gallo!) (1 Crónicas 21:1) «1 Pero Satanás se levantó contra Israel, e incitó a David a que hiciese censo de Israel». (2 Samuel 24:1) «1 Volvió a encenderse la ira de Jehová contra Israel, e incitó a David contra ellos a que dijese: Ve, haz un censo de Israel y de Judá». (Hemos estado viviendo bajo el dominio del dios de las tinieblas por veintiún siglos, aquel que no quiere que seamos salvos ni libres por la sangre de Jesucristo). (Mateo 24:24) «24 Porque se levantarán falsos Cristos, y falsos profetas, y harán grandes señales y prodigios, de tal manera que engañarán, si fuere posible, aun a los escogidos».

158. Quien necesita de cosas materiales o de «platillos voladores» para llevarse a la gente al cielo (espacio exterior). (2 Reyes 2:11) «11 Y aconteció que yendo ellos y hablando, he aquí un carro de fuego con caballos de fuego apartó a los dos; y Elías subió al cielo en un torbellino». (1 Corintios 15:50) «50 Pero esto digo, hermanos: que la carne y la sangre no pueden heredar el reino de Dios, ni

la corrupción hereda la incorrupción». (Juan 3:13) «13 Nadie subió al cielo, sino el que descendió del cielo; el Hijo del Hombre, que está en el cielo». (2 Pedro 1:16) «16 Porque no os hemos dado a conocer el poder y la venida de nuestro Señor Jesucristo siguiendo fábulas artificiosas, sino como habiendo visto con nuestros propios ojos su majestad».

159. Quien contamina la tierra con cosas abominables y asquerosas. («El libro de Enoc» {7:1-5}) «1 Todos y sus jefes tomaron para sí mujeres y cada uno escogió entre todas y comenzaron a entrar en ellas y a contaminarse con ellas, a enseñarles la brujería, la magia y el corte de raíces y a enseñarles sobre las plantas.2 Quedaron embarazadas de ellos y parieron gigantes de unos tres mil codos de altura que nacieron sobre la tierra y conforme a su niñez crecieron; 3 y devoraban el trabajo de todos los hijos de los hombres hasta que los humanos ya no lograban abastecerles. 4 Entonces, los gigantes se volvieron contra los humanos para matarlos y devorarlos... (Sal 14:4; Mi 3:3) 5 y empezaron a pecar contra todos los pájaros del cielo y contra todas las bestias de la tierra, contra los reptiles y contra los peces del mar y se devoraban los unos la carne de los otros y bebían sangre»).

160. Quien es padre de Satanás —el dios de este mundo, el falso profeta y el que hace creer a la gente que él es Jesucristo, el hijo de Dios— y los ángeles caídos. (Job 1:6-7) «6 Un día vinieron a presentarse delante de Jehová los hijos de Dios, entre los cuales vino también Satanás. Y dijo Jehová a Satanás: ¿De dónde vienes? Respondiendo Satanás a Jehová, dijo: De rodear la tierra y de andar por ella».

161. Un fornicario. (Isaías 23:17) «17 Y acontecerá que al fin de los setenta años visitará Jehová a Tiro; y volverá a comerciar, y otra vez fornicará con todos los reinos del mundo sobre la faz de la tierra».

162. Quien planifica, con su manada de ángeles caídos, la destrucción del Espíritu Santo del Dios verdadero en los humanos. («Evangelio apócrifo de Juan» {15:16-25}) «16 El primer gobernante formuló un plan con sus poderes. Envió sus ángeles a las hijas de la humanidad, para que tomasen mujeres y criaran

una familia para su placer. 17 Al principio no tuvieron éxito. Cuando hubieron demostrado que no tenían éxito, se reunieron de nuevo e idearon otro plan. 18 Crearon un espíritu despreciable parecido al Espíritu que había descendido, con el fin de adulterar las almas a través de este espíritu. 19 Los ángeles cambiaron entonces su apariencia para parecerse a los compañeros de estas mujeres, y llenaron a las mujeres del espíritu de las tinieblas que ellos habían confeccionado, y del mal. 20 Trajeron oro, plata, presentes, cobre, hierro, metal, y toda suerte de cosas. 21 Hicieron sufrir a las personas que les siguieron, conduciéndolas por el mal camino y engañándolas. 22 Estas personas envejecieron sin experimentar el placer, y murieron sin encontrar la verdad ni conocer al Dios de la verdad. 23 De esta manera toda la creación fue esclavizada para siempre, desde el principio del mundo hasta ahora. 24 Los ángeles tomaron mujeres, y de las tinieblas produjeron hijos parecidos a su espíritu. 25 Cerraron sus mentes, y se hicieron tozudos a través de la tozudez del espíritu despreciable, hasta el día de hoy».

163. Quien mantiene a nuestra juventud embriagada con la tecnología, las drogas, el alcohol, la televisión, el sexo y la pornografía; en especial, con los teléfonos celulares. (Jeremías 25:15-17) «15 Porque así me dijo Jehová Dios de Israel: Toma de mi mano la copa del vino de este furor, y da a beber de él a todas las naciones a las cuales yo te envío. 16 Y beberán, y temblarán y enloquecerán, a causa de la espada que yo envío entre ellas. 17 Y tomé la copa de la mano de Jehová, y di de beber a todas las naciones, a las cuales me envió Jehová».

164. El dios de Moisés, quien reconoce que hay un Dios mayor que él, de quien está celoso. («Evangelio apócrifo de Juan» {7:29-30}) «29 Cuando vio la creación a todo su alrededor y la multitud de ángeles en torno a él que habían salido de él, les dijo: "Yo soy un Dios celoso, y no hay ningún otro Dios aparte de mí". 30 Pero haciendo esta declaración sugirió a los ángeles que estaban con él que hay otro Dios. Pues si no hubiera otro Dios, ¿de quién estaría celoso?».

165. El dios de Constantino, dios de los judíos, y su Iglesia católica — la gran mentirosa—, llena de masacres, genocidios y torturas, la que será entregada por lo que es. (Apocalipsis 3:9) «9 He aquí, yo entrego de la sinagoga de Satanás a los que se dicen ser judíos y no lo son, sino que mienten; he aquí, yo haré que vengan y se postren a tus pies, y reconozcan que yo te he amado».

166. Quien creó el diezmo para enriquecer al listo y arruinar a los pobres que creen que la salvación tiene que ser comprada con dinero.

167. Quien nos hace creer que Jesucristo desciende de David por medio de José, hijo de Jacob. Jesucristo es producto divino, es Hijo del Dios verdadero del universo, engendrado por el Espíritu Santo de Dios. José es simplemente el esposo de María, padrastro de Jesucristo. (Mateo 1:1-16) «1 Libro de la genealogía de Jesucristo, hijo de David, hijo de Abraham. 2 Abraham engendró a Isaac, Isaac a Jacob, y Jacob a Judá y a sus hermanos. 3 Judá engendró de Tamar a Fares y a Zara, Fares a Esrom, y Esrom a Aram. 4 Aram engendró a Aminadab, Aminadab a Naasón, y Naasón a Salmón. 5 Salmón engendró de Rahab a Booz, Booz engendró de Rut a Obed, y Obed a Isaí. 6 Isaí engendró al rey David, y el rey David engendró a Salomón de la que fue mujer de Urías. 7 Salomón engendró a Roboam, Roboam a Abías, y Abías a Asa. 8 Asa engendró a Josafat, Josafat a Joram, y Joram a Uzías. 9 Uzías engendró a Jotam, Jotam a Acaz, y Acaz a Ezequías. 10 Ezequías engendró a Manasés, Manasés a Amón, y Amón a Josías. 11 Josías engendró a Jeconías y a sus hermanos, en el tiempo de la deportación a Babilonia. 12 Después de la deportación a Babilonia, Jeconías engendró a Salatiel, y Salatiel a Zorobabel. 13 Zorobabel engendró a Abiud, Abiud a Eliaquim, y Eliaquim a Azor. 14 Azor engendró a Sadoc, Sadoc a Aquim, y Aquim a Eliud. 15 Eliud engendró a Eleazar, Eleazar a Matán, Matán a Jacob; 16 y Jacob engendró a José, marido de María, de la cual nació Jesús, llamado el Cristo». (Mateo 1:18-25) «18 El nacimiento de Jesucristo fue así: Estando

desposada María su madre con José, antes que se juntasen, se halló que había concebido del Espíritu Santo. 19 José su marido, como era justo, y no quería infamarla, quiso dejarla secretamente. 20 Y pensando él en esto, he aquí un ángel del Señor le apareció en sueños y le dijo: José, hijo de David, no temas recibir a María tu mujer, porque lo que en ella es engendrado, del Espíritu Santo es. 21 Y dará a luz un hijo, y llamarás su nombre JESÚS, porque él salvará a su pueblo de sus pecados. 22 Todo esto aconteció para que se cumpliese lo dicho por el Señor por medio del profeta, cuando dijo: 23 He aquí, una virgen concebirá y dará a luz un hijo, Y llamarás su nombre Emanuel, que traducido es: Dios con nosotros. 24 Y despertando José del sueño, hizo como el ángel del Señor le había mandado, y recibió a su mujer. 25 Pero no la conoció hasta que dio a luz a su hijo primogénito; y le puso por nombre JESÚS».

168. Quien deja que pedófilos violen niñas y niños en las iglesias de Constantino, escondiéndose tras sotanas negras que simbolizan el color de sus almas repletas de pecados demoniacos. Esos fueron los que abusaron sexualmente y asesinaron a los niños y niñas indígenas en las escuelas católicas de Canadá desde el siglo diecinueve hasta el siglo veinte, por lo cual pidió perdón el papa Francisco a los nativos canadienses en el año 2022. (Esta es la plaga a la que, con sus ojos vendados por décadas, algunas personas siguen adulando).

169. Quien enriquece a los suyos, a los VIP, reyes y reinas, a los emperadores y gobernantes, los ricos y poderosos que se creen ser dioses sobre la Tierra, los que se la pasan fornicando con la gran ramera que engaña al mundo y pisoteando al verdadero pueblo de Jesucristo, los pobres y los humildes. (Apocalipsis 17:1-2) «1 Vino entonces uno de los siete ángeles que tenían las siete copas, y habló conmigo diciéndome: Ven acá, y te mostraré la sentencia contra la gran ramera, la que está sentada sobre muchas aguas; 2 con la cual han fornicado los reyes de la tierra, y los moradores de la tierra se han embriagado con el vino de su fornicación».

170. Quien está rodeado de otros dioses demonios. El verdadero Dios del universo es uno solo, el Padre de Jesucristo, nuestro Salvador, creador de todo, el principio y el fin, el Dios invisible cuyo nombre no conocemos. (Éxodo 15:11) «11 ¿Quién como tú, oh Jehová, entre los dioses? ¿Quién como tú, magnífico en santidad, terrible en maravillosas hazañas, hacedor de prodigios?».

171. Quien muestra el mismo poder que los otros ángeles caídos que llegaron a la Tierra y se convirtieron en los dioses falsos de los otros pueblos. (Jueces 10:6) «6 Pero los hijos de Israel volvieron a hacer lo malo ante los ojos de Jehová, y sirvieron a los baales y a Astarot, a los dioses de Siria, a los dioses de Sidón, a los dioses de Moab, a los dioses de los hijos de Amón y a los dioses de los filisteos; y dejaron a Jehová, y no le sirvieron».

172. Quien llama «santo» a un pueblo que ha prosperado por medio de atrocidades y exterminios contra otras razas. (Éxodo 19:6) «6 Y vosotros me seréis un reino de sacerdotes, y gente santa. Estas son las palabras que dirás a los hijos de Israel».

173. Quien protege a los políticos que someten y abusan de los pueblos. (Éxodo 22:28) «28 No injuriarás a los jueces, ni maldecirás al príncipe de tu pueblo».

174. Quien promueve los conflictos en la Tierra y las guerras civiles entre hermanos. (Éxodo 32:27) «27 Y él les dijo: Así ha dicho Jehová, el Dios de Israel: Poned cada uno su espada sobre su muslo; pasad y volved de puerta a puerta por el campamento, y matad cada uno a su hermano, y a su amigo, y a su pariente».

175. Quien camina por la Tierra, se deja ver y habla de tú a tú con multitud de personas a su paso, mostrando todo su poder, que es posible que haya traído de su mundo de origen, tal vez de los que estaban en la ganga de los seres de otros mundos de quienes hablan los sumerios, los cuales vinieron a la Tierra y modificaron el ADN del ser humano para convertirlo en esclavos de los que

bajaron del cielo. (Éxodo 6:2-3) «2 Habló todavía Dios a Moisés, y le dijo: Yo soy JEHOVÁ. 3 Y aparecí a Abraham, a Isaac y a Jacob como Dios Omnipotente, mas en mi nombre JEHOVÁ no me di a conocer a ellos».

176. Quien echa demonios a los tontos hombres para atormentarlos (enfermedad mental o posesión satánica real). (1 Samuel 16:14) «14 El Espíritu de Jehová se apartó de Saúl, y le atormentaba un espíritu malo de parte de Jehová». Del «Evangelio árabe de la infancia de Jesús» podemos identificar la naturaleza reptil, inferior a la humana, demoniaca y atrasada en el campo espiritual, que atormenta a los seres humanos: «La joven obsesionada por el demonio XXXIII 1. Y había asimismo allí una joven, de padres nobles, de cuyo ser el demonio se había posesionado. El maldito le aparecía en todo momento, bajo la forma de un dragón enorme, y marcaba la mueca de que iba a devorarla. Y chupaba toda su sangre, y ponía su cuerpo como tostado, y la dejaba como muerta. Cuando él se le aproximaba, ella juntaba sus manos sobre su cabeza, y gritaba, diciendo: ¡Malhaya yo! ¿Quién me librará de este dragón perverso? Sus padres lloraban en su presencia misma. Cuantos oían sus gritos dolorosos, se apiadaban de su desgracia. Numerosas personas se agrupaban en torno suyo, lamentando su pena, sobre todo al oírla decir, entre lágrimas: Padres, hermanos, amigos, ¿no hay nadie que pueda sacarme de las garras de este enemigo verdugo?».

177. Quien establece un cobro monetario para dar un salario a los predicadores por los servicios en las iglesias. (Éxodo 30:16) «16 Y tomarás de los hijos de Israel el dinero de las expiaciones, y lo darás para el servicio del tabernáculo de reunión; y será por memorial a los hijos de Israel delante de Jehová, para hacer expiación por vuestras personas».

178. Quien nos miente al decirnos que no hubo profeta más grande que Moisés en Israel. (No menciona en nada a Jesucristo y su presencia en Israel. ¿Quién es este dios que niega a Jesucristo?) (Deuteronomio 34:10) «10 Y nunca

más se levantó profeta en Israel como Moisés, a quien haya conocido Jehová cara a cara».

179. Mentiroso, quien nos hace ver que el verdadero Jesucristo, Hijo del Dios verdadero, es el mentiroso cuando dice que nadie ha escuchado ni visto a Dios. Si nadie ha escuchado ni visto a Dios, ¿quién fue el que se le presentó físicamente y habló con Moisés? (Juan 5:37) «37 También el Padre que me envió ha dado testimonio de mí. Nunca habéis oído su voz, ni habéis visto su aspecto». (Éxodo 33:11) «11 Y hablaba Jehová a Moisés cara a cara, como habla cualquiera a su compañero. Y él volvía al campamento; pero el joven Josué hijo de Nun, su servidor, nunca se apartaba de en medio del tabernáculo». (Deuteronomio 5:27) «27 Acércate tú, y oye todas las cosas que dijere Jehová nuestro Dios; y tú nos dirás todo lo que Jehová nuestro Dios te dijere, y nosotros oiremos y haremos». (Números 12:8) «8 Cara a cara hablaré con él, y claramente, y no por figuras; y verá la apariencia de Jehová. ¿Por qué, pues, no tuvisteis temor de hablar contra mi siervo Moisés?». (Éxodo 24:9-10) «9 Y subieron Moisés y Aarón, Nadab y Abiú, y setenta de los ancianos de Israel; 10 y vieron al Dios de Israel; y había debajo de sus pies como un embaldosado de zafiro, semejante al cielo cuando está sereno». (Deuteronomio 34:10) «10 Y nunca más se levantó profeta en Israel como Moisés, a quien haya conocido Jehová cara a cara». (Génesis 18:1) «1 Después le apareció Jehová en el encinar de Mamre, estando él sentado a la puerta de su tienda en el calor del día». (Números 14:14) «14 y lo dirán a los habitantes de esta tierra, los cuales han oído que tú, oh Jehová, estabas en medio de este pueblo, que cara a cara aparecías tú, oh Jehová, y que tu nube estaba sobre ellos, y que de día ibas delante de ellos en columna de nube, y de noche en columna de fuego».

180. Quien hace creer a la Iglesia cristiana actual que él vino físicamente como Jesucristo a hablar con su pueblo. (Deuteronomio 5:4) «4 Cara a cara habló Jehová con vosotros en el monte de en medio del fuego».

181. Quien hace que la conducta de la gente cambie en un momento dado (como si tuvieran un episodio psicótico psiquiátrico) y cometa crímenes contra la humanidad como en el caso de los asesinos que, con sus rifles AR-15, entran en las escuelas, los comercios, las iglesias, los lugares de diversión y los supermercados en Estados Unidos y acribillan a infantes y a gente de otras etnias minoritarias. (Jueces 14:19) «19 Y el Espíritu de Jehová vino sobre él, y descendió a Ascalón y mató a treinta hombres de ellos; y tomando sus despojos, dio las mudas de vestidos a los que habían explicado el enigma; y encendido en enojo se volvió a la casa de su padre». (¿Por qué en Estados Unidos? Porque esta es la nación donde se adora al dios del Viejo Testamento y no al verdadero Jesucristo en todas las iglesias que se hacen llamar iglesias «cristianas».)

182. Quien, siendo dios de los judíos, y adorado por las iglesias cristianas actuales, incitó al pueblo judío para que Pilatos soltara a un criminal y castigara a un inocente. (Lucas 23:18) «18 Mas toda la multitud dio voces a una, diciendo: ¡Fuera con éste, y suéltanos a Barrabás!».

183. Quien da un alimento físico y no espiritual como Jesucristo lo ofrece. (Juan 6:49) «49 Vuestros padres comieron el maná en el desierto, y murieron». (Juan 6:51) «51 Yo soy el pan vivo que descendió del cielo; si alguno comiere de este pan, vivirá para siempre; y el pan que yo daré es mi carne, la cual yo daré por la vida del mundo».

184. Quien permite que los gigantes, hijos de los ángeles caídos (los vigilantes), caminen por la Tierra. (2 Samuel 21:18-20) «18 Otra segunda guerra hubo después en Gob contra los filisteos; entonces Sibecai husatita mató a Saf, quien era uno de los descendientes de los gigantes. 19 Hubo otra vez guerra en Gob contra los filisteos, en la cual Elhanán, hijo de Jaare-oregim de Belén, mató a Goliat geteo, el asta de cuya lanza era como el rodillo

de un telar. 20 Después hubo otra guerra en Gat, donde había un hombre de gran estatura, el cual tenía doce dedos en las manos, y otros doce en los pies, veinticuatro por todos; y también era descendiente de los gigantes».

185. **Quien nos ordena restringirnos de ejercer nuestra primera enmienda de libertad de expresión.** (Hechos 5: 40) «40 Y convinieron con él; y llamando a los apóstoles, después de azotarlos, les intimaron que no hablasen en el nombre de Jesús, y los pusieron en libertad».

186. **Quien hace cosas malas a la humanidad, y contra su misma gente, a diferencia de lo que hacía Jesucristo por la gente.** (2 Crónicas 21:14-19) «14 he aquí Jehová herirá a tu pueblo de una gran plaga, y a tus hijos y a tus mujeres, y a todo cuanto tienes; 15 y a ti con muchas enfermedades, con enfermedad de tus intestinos, hasta que se te salgan a causa de tu persistente enfermedad. 16 Entonces Jehová despertó contra Joram la ira de los filisteos y de los árabes que estaban junto a los etíopes; 17 y subieron contra Judá, e invadieron la tierra, y tomaron todos los bienes que hallaron en la casa del rey, y a sus hijos y a sus mujeres; y no le quedó más hijo sino solamente Joacaz el menor de sus hijos. 18 Después de todo esto, Jehová lo hirió con una enfermedad incurable en los intestinos. 19 Y aconteció que al pasar muchos días, al fin, al cabo de dos años, los intestinos se le salieron por la enfermedad, muriendo así de enfermedad muy penosa. Y no encendieron fuego en su honor, como lo habían hecho con sus padres».

187. **Quien hace que los cristianos actuales duerman espiritualmente y adoren al falso dios del Viejo Testamento, quien no puede ser el verdadero padre de Jesucristo.** (Juan 4:21-22) «21 Jesús le dijo: Mujer, créeme, que la hora viene cuando ni en este monte ni en Jerusalén adoraréis al Padre. 22 Vosotros adoráis lo que no sabéis; nosotros adoramos lo que sabemos; porque la salvación viene de los judíos».

188. **Quien es posiblemente un ser físico de algún otro mundo físico que, haciéndose dios en la Tierra, se deja ver**

y se deja escuchar, todo lo contrario a lo que dijo Jesucristo sobre su verdadero Padre Celestial. (Éxodo 33:11) «11 Y hablaba Jehová a Moisés cara a cara, como habla cualquiera a su compañero. Y él volvía al campamento; pero el joven Josué hijo de Nun, su servidor, nunca se apartaba de en medio del tabernáculo». (Deuteronomio 5:24) «24 y dijisteis: He aquí Jehová nuestro Dios nos ha mostrado su gloria y su grandeza, y hemos oído su voz de en medio del fuego; hoy hemos visto que Jehová habla al hombre, y este aún vive». (Juan 5:37) «37 También el Padre que me envió ha dado testimonio de mí. Nunca habéis oído su voz, ni habéis visto su aspecto».

189. Quien nos da un evangelio contaminado contrario al evangelio de amor, de perdón y misericordia de nuestro verdadero Señor Jesucristo.

190. Quien permite que un hombre posea mil mujeres para su placer sexual. (1 Reyes 11:3) «3 Y tuvo setecientas mujeres reinas y trescientas concubinas; y sus mujeres desviaron su corazón».

191. Quien podría ser una entidad física de otro planeta que se hizo dios en nuestro mundo. Vemos cómo sus estrellas (ángeles caídos, seres de otros mundos) pelearon en el espacio. (Jueces 5:20) «20 Desde los cielos pelearon las estrellas. Desde sus órbitas pelearon contra Sísara».

192. Quien reina sobre la faz de la Tierra sobre todos sus ignorantes habitantes, reino distinto al reino de nuestro Señor Jesucristo. (Juan 18:36) «36 Respondió Jesús: Mi reino no es de este mundo; si mi reino fuera de este mundo, mis servidores pelearían para que yo no fuera entregado a los judíos; pero mi reino no es de aquí».

193. Quien tiene a Jesucristo prisionero —clavado en la cruz de la Iglesia católica, muerto, sin poder—, dando más poder a su madre María y a los santos que creó el Vaticano aparte de los verdaderos santos del Dios verdadero, no puede ser el dios del universo y Padre de Jesucristo.

194. Quien Jesucristo reconoció cuando mencionó el nombre del dios de los judíos —dios que siguen las iglesias de Constantino—, otra de las razones por la cual tuvo que morir en manos de este pueblo que lo crucificó.
(Juan 8:44) «44 Vosotros sois de vuestro padre el diablo, y los deseos de vuestro padre queréis hacer. Él ha sido homicida desde el principio, y no ha permanecido en la verdad, porque no hay verdad en él. Cuando habla mentira, de suyo habla; porque es mentiroso, y padre de mentira».

195. Quien engañará a la humanidad haciendo convincentes proyecciones en el cielo —con una tecnología que no puedo mencionar— mostrando a un Jesucristo falso, a la virgen, ciudades flotantes y otras cosas espeluznantes, y abriendo portales dimensionales, o de gusano, haciendo aparecer flotillas de naves interestelares (ángeles) secuestrando (raptando) humanos en la Tierra y diciendo que está ocurriendo el rapto del cual se habla en la Biblia.
(Juan 1:51) «51 Y le dijo: De cierto, de cierto os digo: De aquí en adelante veréis el cielo abierto, y a los ángeles de Dios que suben y descienden sobre el Hijo del Hombre».

196. Quien camina por la Tierra —físicamente—, como Pedro por su casa, durante miles de años y sigue hablando con otras personas como habló con Moisés. (Jueces 6:22-23) «22 Viendo entonces Gedeón que era el ángel de Jehová, dijo: Ah, Señor Jehová, que he visto al ángel de Jehová cara a cara.23 Pero Jehová le dijo: Paz a ti; no tengas temor, no morirás».
(Nadie se ha preguntado la razón por la cual Jehová desaparece de nuestro planeta como por arte de magia cuando Jesucristo está en la Tierra, pero dejando la cizaña en los corazones de los hombres y en las iglesias creadas por Constantino. (Mateo 13:38-39) «38 El campo es el mundo; la buena semilla son los hijos del reino, y la cizaña son los hijos del malo. 39 El enemigo que la sembró es el diablo; la siega es el fin del siglo; y los segadores son los ángeles».

197. Quien indica que él es el dios de Israel y nadie más. (1 Crónicas 29:10) «10 Asimismo se alegró mucho el rey David, y bendijo a Jehová delante de toda la congregación; y dijo David: Bendito seas tú, oh Jehová, Dios de Israel nuestro padre, desde el siglo y hasta el siglo».

198. Quien manda fuego del cielo para castigar a Job y complacer a su hijo Satanás. (Job 1:16) «16 Aún estaba este hablando, cuando vino otro que dijo: Fuego de Dios cayó del cielo, que quemó las ovejas y a los pastores, y los consumió; solamente escapé yo para darte la noticia».

199. Quien dice que aborrece las cosas que él mismo hace. (Proverbios 6:16-19) «16 Seis cosas aborrece Jehová, y aun siete abomina su alma: 17 los ojos altivos, la lengua mentirosa, las manos derramadoras de sangre inocente, 18 el corazón que maquina pensamientos inicuos, los pies presurosos para correr al mal, 19 el testigo falso que habla mentiras, y el que siembra discordia entre hermanos».

200. Quien juega con los opuestos de la vida a diferencia del Dios verdadero, Padre de Jesucristo, quien nos promete todo lo positivo. (Eclesiastés 3:1-8) «1 Todo tiene su tiempo, y todo lo que se quiere debajo del cielo tiene su hora. 2 Tiempo de nacer, y tiempo de morir; tiempo de plantar, y tiempo de arrancar lo plantado; 3 tiempo de matar, y tiempo de curar; tiempo de destruir, y tiempo de edificar; 4 tiempo de llorar, y tiempo de reír; tiempo de endechar, y tiempo de bailar; 5 tiempo de esparcir piedras, y tiempo de juntar piedras; tiempo de abrazar, y tiempo de abstenerse de abrazar; 6 tiempo de buscar, y tiempo de perder; tiempo de guardar, y tiempo de desechar; 7 tiempo de romper, y tiempo de coser; tiempo de callar, y tiempo de hablar; 8 tiempo de amar, y tiempo de aborrecer; tiempo de guerra, y tiempo de paz». Jesucristo nos prometió vida en abundancia libre de guerras, destrucción y muerte.

201. Quien nos considera bestias. (Eclesiastés 3:18) «18 Dije en mi corazón: Es así, por causa de los hijos de los hombres,

para que Dios los pruebe, y para que vean que ellos mismos son semejantes a las bestias». (No podemos negar que nos convertimos en bestias luego de que manipuló el ADN de la humanidad para convertirnos en lo que somos).

202. Quien nos promete un apocalipsis en los últimos tiempos (¿invasión extraterrestre, demoniaca, de ángeles caídos?). (Isaías 13:5) «5 Vienen de lejana tierra, de lo postrero de los cielos, Jehová y los instrumentos de su ira, para destruir toda la tierra». (Isaías 13:13) «13 Porque haré estremecer los cielos, y la tierra se moverá de su lugar, en la indignación de Jehová de los ejércitos, y en el día del ardor de su ira». (Isaías 24:1-4) «1 He aquí que Jehová vacía la tierra y la desnuda, y trastorna su faz, y hace esparcir a sus moradores. 2 Y sucederá así como al pueblo, también al sacerdote; como al siervo, así a su amo; como a la criada, a su ama; como al que compra, al que vende; como al que presta, al que toma prestado; como al que da a logro, así al que lo recibe. 3 La tierra será enteramente vaciada, y completamente saqueada; porque Jehová ha pronunciado esta palabra. 4 Se destruyó, cayó la tierra; enfermó, cayó el mundo; enfermaron los altos pueblos de la tierra». (Isaías 47:11) «11 Vendrá, pues, sobre ti mal, cuyo nacimiento no sabrás; caerá sobre ti quebrantamiento, el cual no podrás remediar; y destrucción que no sepas vendrá de repente sobre ti». (Jeremías 4:23-26) «23 Miré a la tierra, y he aquí que estaba asolada y vacía; y a los cielos, y no había en ellos luz. 24 Miré a los montes, y he aquí que temblaban, y todos los collados fueron destruidos. 25 Miré, y no había hombre, y todas las aves del cielo se habían ido. 26 Miré, y he aquí el campo fértil era un desierto, y todas sus ciudades eran asoladas delante de Jehová, delante del ardor de su ira». (Jeremías 7:20) «20 Por tanto, así ha dicho Jehová el Señor: He aquí que mi furor y mi ira se derramarán sobre este lugar, sobre los hombres, sobre los animales, sobre los árboles del campo y sobre los frutos de la tierra; se encenderán, y no se apagarán». (Jeremías 12:12) «12 Sobre todas las alturas del desierto vinieron destruidores; porque la espada de Jehová devorará desde un extremo de la tierra hasta el otro; no habrá paz para ninguna

carne». (Jeremías 15:3) «3 Y enviaré sobre ellos cuatro géneros de castigo, dice Jehová: espada para matar, y perros para despedazar, y aves del cielo y bestias de la tierra para devorar y destruir». (Jeremías 19:9) «9 Y les haré comer la carne de sus hijos y la carne de sus hijas, y cada uno comerá la carne de su amigo, en el asedio y en el apuro con que los estrecharán sus enemigos y los que buscan sus vidas». (Jeremías 23:20) «20 No se apartará el furor de Jehová hasta que lo haya hecho, y hasta que haya cumplido los pensamientos de su corazón; en los postreros días lo entenderéis cumplidamente». (Jeremías 25:32) «32 Así ha dicho Jehová de los ejércitos: He aquí que el mal irá de nación en nación, y grande tempestad se levantará de los fines de la tierra». (Jeremías 30:24) «24 No se calmará el ardor de la ira de Jehová, hasta que haya hecho y cumplido los pensamientos de su corazón; en el fin de los días entenderéis esto». (Ezequiel 7:2) «2 Tú, hijo de hombre, así ha dicho Jehová el Señor a la tierra de Israel: El fin, el fin viene sobre los cuatro extremos de la tierra». (Ezequiel 32:7-8) «7 Y cuando te haya extinguido, cubriré los cielos, y haré entenebrecer sus estrellas; el sol cubriré con nublado, y la luna no hará resplandecer su luz. 8 Haré entenebrecer todos los astros brillantes del cielo por ti, y pondré tinieblas sobre tu tierra, dice Jehová el Señor». (Daniel 7:2-7) «2 Daniel dijo: Miraba yo en mi visión de noche, y he aquí que los cuatro vientos del cielo combatían en el gran mar. 3 Y cuatro bestias grandes, diferentes la una de la otra, subían del mar. 4 La primera era como león, y tenía alas de águila. Yo estaba mirando hasta que sus alas fueron arrancadas, y fue levantada del suelo y se puso enhiesta sobre los pies a manera de hombre, y le fue dado corazón de hombre. 5 Y he aquí otra segunda bestia, semejante a un oso, la cual se alzaba de un costado más que del otro, y tenía en su boca tres costillas entre los dientes; y le fue dicho así: Levántate, devora mucha carne. 7 Después de esto miré, y he aquí otra, semejante a un leopardo, con cuatro alas de ave en sus espaldas; tenía también esta bestia cuatro cabezas; y le fue dado dominio. 8 Después de esto miraba yo en las visiones de la noche, y he aquí la cuarta bestia, espantosa y terrible y en gran manera fuerte, la cual tenía unos dientes grandes de hierro; devoraba y desmenuzaba, y las sobras hollaba con sus pies, y era muy diferente de todas las bestias que vi antes de ella, y tenía diez cuernos». (Joel 2:31) «31 El sol se convertirá en tinieblas, y la luna en sangre, antes que venga el día grande y espantoso de Jehová». (Habacuc 2:3) «3 Aunque la visión tardará aún por un tiempo, mas se apresura hacia el fin, y no mentirá; aunque tardare, espéralo, porque sin duda vendrá, no tardará». (Sofonías 1:2-3) «2 Destruiré por completo todas las cosas de sobre la faz de la tierra, dice Jehová. 3 Destruiré los hombres y las bestias; destruiré las aves del cielo y los peces del mar, y cortaré a los impíos; y raeré a los hombres de sobre la faz de la tierra, dice Jehová». (Sofonías 1:18) «18 Ni su plata ni su oro podrá librarlos en el día de la ira de Jehová, pues toda la tierra será consumida con el fuego de su celo; porque ciertamente destrucción apresurada hará de todos los habitantes de la tierra».

203. Quien pretende estar hablando en lenguajes alienígenas para captar la curiosidad de la gente y adquirir fama en los medios sociales.

204. Quien hará que los padres se coman a los hijos y los hijos a sus padres. (Ezequiel 5:10) «10 Por eso los padres comerán a los hijos en medio de ti, y los hijos comerán a sus padres; y haré en ti juicios, y esparciré a todos los vientos todo lo que quedare de ti».

205. Quien autoriza a su mafia infernal (extraterrestres-ángeles caídos-demonios-vigilantes) a hacer con los hombres lo que más les parezca. (Daniel 4:17) «17 La sentencia es por decreto de los vigilantes, y por dicho de los santos la resolución, para que conozcan los vivientes que el Altísimo gobierna el reino de los hombres, y que a quien él quiere lo da, y constituye sobre él al más bajo de los hombres».

206. Quien mandará a su hijo a la tierra para hacerse dueño de ella y engañar hasta el mismo pueblo del Dios verdadero, creador de todo, Padre de Jesucristo. (Daniel 8:24-25) «24 Y su poder se fortalecerá, mas no con fuerza propia; y causará grandes ruinas, y prosperará, y hará arbitrariamente,

y destruirá a los fuertes y al pueblo de los santos. 25 Con su sagacidad hará prosperar el engaño en su mano; y en su corazón se engrandecerá, y sin aviso destruirá a muchos; y se levantará contra el Príncipe de los príncipes, pero será quebrantado, aunque no por mano humana».

207. Quien se hace pasar por Jesucristo, razón por la cual la presente generación odia a Jesucristo, pensando que Jehová y Jesucristo son la misma persona. (Oseas 6:1-2) «1 Venid y volvamos a Jehová; porque él arrebató, y nos curará; hirió, y nos vendará.2 Nos dará vida después de dos días; en el tercer día nos resucitará, y viviremos delante de él».

208. Quien tiene lucha constante contra las legiones de ángeles caídos y sus ejércitos que también quieren subir y destronarlo como él quiso destronar al Dios verdadero del universo. Por naturaleza propia, los demonios se la pasan luchando entre ellos mismos por el control físico y mental de los humanos. (La Tierra era un maldito infierno —aún lo es—, llena de demonios (¿extraterrestres?), gigantes e híbridos creados en laboratorios de las tinieblas en las esferas celestes de maldad). (Amós 2:9) «9 Yo destruí delante de ellos al amorreo, cuya altura era como la altura de los cedros, y fuerte como una encina; y destruí su fruto arriba y sus raíces abajo».

209. Quien no es capaz de perdonar como nos lo ordenó nuestro verdadero Dios Jesucristo. (Nahum 1:2-3) «2 Jehová es Dios celoso y vengador; Jehová es vengador y lleno de indignación; se venga de sus adversarios, y guarda enojo para sus enemigos. 3 Jehová es tardo para la ira y grande en poder, y no tendrá por inocente al culpable. Jehová marcha en la tempestad y el torbellino, y las nubes son el polvo de sus pies».

210. Quien se complace trayendo plagas sobre nuestro planeta. Es posible que el apocalipsis zombi, del cual hablan los teóricos de conspiración, sea cierto, ya sea como una nueva plaga (creada en los laboratorios malévolos de los gobiernos) o como un efecto secundario proveniente de las

vacunas que nos han puesto para combatir las otras plagas que se han creado —las cuales están patentadas— en los laboratorios infernales de nuestros gobiernos terráqueos. (Vean cómo se describe a estos hombres que parecen zombis). (Zacarías 14:12) «12 Y esta será la plaga con que herirá Jehová a todos los pueblos que pelearon contra Jerusalén: la carne de ellos se corromperá estando ellos sobre sus pies, y se consumirán en las cuencas sus ojos, y la lengua se les deshará en su boca».

211. Quien creó la idolatría pagana en las iglesias católicas.

212. Quien intentará adueñarse del planeta implantando una religión, un gobierno y una moneda digital global. (Apocalipsis 13:16) «16 Y hacía que a todos, pequeños y grandes, ricos y pobres, libres y esclavos, se les pusiese una marca en la mano derecha, o en la frente».

213. Quien ciega espiritualmente a las naciones del mundo.

214. Quien se complace en tener presidentes ineptos en todo el planeta.

215. Quien desea convertirnos en *cyborgs* al querer implantarnos chips en el cuerpo o teléfonos celulares en forma de tatuajes. (Apocalipsis 13:16). «16 Y hacía que a todos, pequeños y grandes, ricos y pobres, libres y esclavos, se les pusiese una marca en la mano derecha, o en la frente».

216. Quien nos quiere robar el dinero por medio de la creación de una criptomoneda global y programando el sistema de manera de controlar cómo lo usamos, qué podemos comprar, cuándo podemos comprar y en dónde podemos comprar. (Apocalipsis 13:16). «16 Y hacía que a todos, pequeños y grandes, ricos y pobres, libres y esclavos, se les pusiese una marca en la mano derecha, o en la frente».

217. Quien nos infunde un miedo terrorífico hacia lo desconocido.

218. Quien nos pone un velo sobre nuestros ojos para que no podamos diferenciar entre el bien y el mal.

219. Quien nos atrofia neurológicamente para destruir nuestras capacidades cognitivas para que no reconozcamos el Reino de los Cielos prometido por Jesucristo.

220. Quien mancha la vida, y todo lo demás, con la mentira.

221. Quien ha traído violencia al Reino de los Cielos del cual nos hablaba Jesucristo.

222. Quien se manifiesta únicamente en las obras de la carne. (Gálatas 5:19-21) «19 Y manifiestas son las obras de la carne, que son: adulterio, fornicación, inmundicia, lascivia, 20 idolatría, hechicerías, enemistades, pleitos, celos, iras, contiendas, disensiones, herejías, 21 envidias, homicidios, borracheras, orgías, y cosas semejantes a estas; acerca de las cuales os amonesto, como ya os lo he dicho antes, que los que practican tales cosas no heredarán el reino de Dios».

223. Quien nos oculta el árbol que está contenido dentro de la semilla y nos engaña diciendo que el árbol no existe. Así nos engaña diciendo que el Reino de los Cielos no existe porque no lo vemos al igual que no vemos el árbol que está oculto en la semilla. Nos engaña porque no somos capaces de ver que el Reino de los Cielos en nosotros mismos a través del Verbo que es Jesucristo.

224. Quien ordenó construir las Piedras Guías de Georgia, Estados Unidos, monumento erigido en 1980, cuya inscripción es la que sigue:

1. Mantener a la humanidad por debajo de 500.000.000 en perpetuo equilibrio con la naturaleza.

2. Guíe la reproducción sabiamente, mejorando la condición física y la diversidad.

3. Unir a la humanidad con un nuevo lenguaje vivo.

4. Gobierna la pasión, la fe, la tradición y todas las cosas con una razón templada.

5. Proteger a las personas y las naciones con leyes justas y tribunales justos.

6. Que todas las naciones gobiernen internamente resolviendo disputas externas en un tribunal mundial.

7. Evite las leyes mezquinas y los funcionarios inútiles.

8. Equilibrar los derechos personales con los deberes sociales.

9. Valora la verdad, la belleza, el amor, busca la armonía con el infinito.

10. No seáis un cáncer en la Tierra —dejad sitio a la naturaleza—. Dejad sitio a la naturaleza.

El monumento fue destruido en el año 2022 por alguien desconocido. Los teóricos de conspiración le echan la culpa al gobierno norteamericano. El mensaje fue escrito en ocho idiomas: inglés, español, suajili, hindi, hebreo, árabe, chino antiguo y ruso.

Sobre el autor

Ricardo A. Domínguez nació en Santurce (San Juan), Puerto Rico, el 3 de marzo de 1955. Cursó sus estudios universitarios en la Universidad de Puerto Rico, recinto de Río Piedras, en donde obtuvo su bachillerato en Artes y Letras en 1978 y su maestría en Educación en 1982. Se graduó en Ciencias de Computadoras Electrónicas en el International Institute of the Americas (Universidad Mundial) en 1981.

Estudió Fotografía Profesional en el New York Institute of Photography, en la ciudad de Nueva York, en donde obtuvo su certificación en 1983, e hizo estudios postgraduados en el Graduate Center de la Universidad de la Ciudad de Nueva York (CUNY).

R. A. Domínguez es un escritor de profunda sensibilidad que se expresa en forma sencilla para llegar a las masas poco privilegiadas. En sus poesías y sus cuentos nos transmite una visión existencialista de la realidad circundante. En su poesía nos manifiesta el fatalismo intrínseco de nuestra generación que está dormida, que se nos muere, que no se rebela, que se nos va de las manos.

Como escritor que trata de seguir los pasos de Jesucristo de Nazaret, intenta presentar el testimonio de Jesucristo, a su Padre Celestial y las diferencias que vemos palpables entre el Nuevo Testamento y el Viejo Testamento, lo que nos indica que el dios de Moisés no es el Dios verdadero, Padre de Jesucristo.

Otros de sus libros son:

2020 - *Poemas de la realidad a la conspiración a la ciencia ficción (Información vs desinformación)* (Ibukku Publisher, 2021 y Bubok, 2022)

El niño dorado y *Kilín* (Ibukku Publisher, 2021)

Juan Bobo: cuentos insólitos (Ibukku Publisher, 2021)

2022 - *Poemas de protesta social (versos para reflexionar y otros poemas de conspiración y ciencia ficción)* (Bubok, 2022).

www.ingramcontent.com/pod-product-compliance
Lightning Source LLC
La Vergne TN
LVHW101949220826
846093LV00006B/161

* 9 7 8 8 4 6 8 5 7 0 4 2 6 *